비트코인
고래들의 투자 비밀

비트코인 고래들의 투자 비밀

거대 투자자의 움직임을 추적하는 온체인 데이터의 혁명

초 판 1쇄 2024년 06월 26일
초 판 2쇄 2024년 07월 08일

지은이 미그놀렛
펴낸이 류종렬

펴낸곳 미다스북스
본부장 임종익
편집장 이다경, 김가영
디자인 윤가희, 임인영
책임진행 김요섭, 이예나, 안채원

등록 2001년 3월 21일 제2001-000040호
주소 서울시 마포구 양화로 133 서교타워 711호
전화 02) 322-7802~3
팩스 02) 6007-1845
블로그 http://blog.naver.com/midasbooks
전자주소 midasbooks@hanmail.net
페이스북 https://www.facebook.com/midasbooks425
인스타그램 https://www.instagram.com/midasbooks

ISBN 979-11-6910-686-3 03320

값 21,000원

미다스북스는 다음세대에게 필요한 지혜와 교양을 생각합니다.

THE SECRETS OF A GIANT'S BITCOIN INVESTMENT

비트코인 고래들의 투자 비밀

거대 투자자의 움직임을 추적하는 온체인 데이터의 혁명

미그놀렛

미다스북스

왜 온체인 데이터가 비트코인 투자의 미래인가

필자는 2017년도에 비트코인을 알게 되었고 그 당시 500만 원으로 투자를 시작했다. 좋은 시기에 투자해 작은 돈으로 3천만 원 정도의 투자 수익을 벌었다. 하지만 이 시기에는 어떤 종목이든 사기만 하면 돈을 벌 수 있었기에, 말 그대로 운이 좋았다.

하지만 아무런 공부 없이 얻은 수익은 금방 잃기 마련이었다. 배움이 필요하다고 생각해 차트 공부를 시작했다. 그 당시에 기초를 쌓을 수 있는 차트 서적들을 읽고 궁금한 점들은 직접 검색하고 찾아보며 공부했다.

공부했던 시기와 2018년 비트코인 가격 하락 시기가 맞물려, 선물(마진) 트레이딩을 추세의 흐름에 맞춰 진행했다. 1억 이상의 매매 수익을 얻었지만, 선물(마진) 트레이딩은 큰돈을 벌 수 있는 만큼 위험성도 컸다. 3억이 되었던 시드 머니가 다시 1억 5천이 되고, 그 이상의 높은 시드 머니로 올라갈 수가 없었다.

그렇게 많은 실전 매매를 하며 필자만의 원칙과 경험이 생겼고, 감각으로 매매하기보다 종합적인 근거를 바탕으로 매매하는 나만의 투자 방법이 생겼다. 하지만 그래도 쉽지 않은 시장이었다.

수많은 실전 투자를 경험하면서 항상 고민했던 2가지가 있었다.

첫 번째는 '어떻게 하면 심리적으로 압박감 없이, 매매를 할 수 있을까?'이다.

사실 소중한 돈을 투자하는 것이기 때문에 심리적 압박이 있을 수밖에 없다. 하지만 변수가 매번 생기는 시장에서 멘탈을 잘 관리할 수 있는 배움이 필요하다고 항상 생각했다. 아무리 좋은 분석으로 기준을 잡아도 멘탈이 무너지면 매매를 그르치는 일이 많았다.

두 번째는 '어떻게 하면 고래(세력)들의 생각을 알 수 있을까?'이다

즉, 결국 이 시장은 돈이 많은 놈들이 가격을 움직인다. 차트도 결국은 고래(세력)가 만들고 움직인다. 아무리 차트 공부를 해도 100% 성공이 없고 항상 속임수와 변수가 있다. 결국은 확률 싸움이다. 확률을 조금이라도 높이기 위해 차트 공부를 하는 것인데 차트를 만드는 고래(세력)들의 생각을 안다면, 속임수와 변수에 모두 대응할 수 있지 않을까 항상 생각했다.

필자는 많은 공부와 경험을 통해 두 가지 고민에 대해 어느 정도 해결책을 찾게 되었다.

첫 번째 심리적인 고민에 대한 해결책은 『시장의 마법사들』이라는 서적을 통해 큰 도움을 얻었다. 세계적으로 매우 유명한 트레이너들의 인터뷰

를 담은 서적이다. 고민을 해결하는 데 정말 큰 도움이 되었고, 와닿는 문구는 따로 메모장에 적어 심리적으로 흔들릴 때마다 다시 읽고 있다.

우리가 지금 읽고 있는 『비트코인 고래들의 투자 비밀』이라는 책의 핵심 주제는 온체인 데이터와 차트 투자 기법이다. 하지만 『시장의 마법사들』에서는 심리적인 부분에 대해서도 좋은 조언들이 많이 적혀 있기에 추천하고 싶다. 필자 또한 추후에 기회가 된다면 필자의 경험을 담은, 투자 관점에서 도움이 되는 심리 기술도 수록하고 싶다.

두 번째 고민, 고래(세력)들의 생각을 읽을 수 있는 방법에 대한 해결책은 온체인 데이터를 통해 도움을 받을 수 있었다.

온체인 데이터를 처음 알았을 때, 큰 충격이었다. 운 좋게 크립토퀀트(CryptoQuant) 주기영 대표님이 플랫폼을 무료로 써 볼 기회를 줘서 활용해 보았다. 당시 유튜브 라이브 방송을 하면 100명대였던 시청자는 온체인 데이터를 활용하고 나서 1,000명대로 10배가 늘어났다.

그만큼 필자뿐만 아니라 투자자들 또한 많은 도움이 된다고 판단했던 것이다. 1~2억에서 움직였던 시드 머니는 온체인 데이터를 알고 난 뒤 10억까지 벌 수 있게 되었다. 코로나 이후 큰 상승이 동반된 시기였기 때문에 큰돈을 벌었다고 생각할 수 있다. 하지만 필자는 온체인 데이터가 없었다면, 이렇게 안정적으로 수익을 낼 수 없었다고 확신한다.

아마 지금 이 글을 읽고 있는 투자자 중에 유튜브 생방송이나 X(구 트위터) 글을 꾸준히 보신 분들은 충분히 공감할 수 있다고 생각한다. 가장 안정적인 수익 창출 방법은 가치를 보고 장기 투자를 하는 것이 좋지만, 시드 머니가 작은 사람은 큰돈을 벌지 못한다는 단점이 있다.

그런데 온체인 데이터를 통해 고래(세력)의 생각을 알게 되고, 내가 고래가 되어 이상적인 구간에서 사고팔 수 있게 되고, 수익을 극대화할 수 있었다. 물론 이 돈이 다른 유명 경제 전문가나 전업 투자자들과 비교했을 때 작은 돈일 수 있다. 그럼에도 불구하고 앞으로 온체인 데이터를 계속해서 공부하고 활용해서 투자할 계획이다.

이 책에는 2가지 큰 투자 기법이 수록되어 있다. 첫째로 비트코인 이동 기록을 확인하는, 구체적으로 고래의 흔적을 파악하여 투자에 접목하는 온체인 데이터를 공부하게 된다. 하지만 온체인 데이터를 알게 되더라도 100% 시장의 방향을 알 수 없다. 그렇기 때문에, 두 번째로 온체인 데이터 외에 고래의 움직임을 추적할 수 있는 분석 기법과 많은 사람이 알고 있는 차트 분석 기법을 추가로 서술하였다. 이 두 가지 기법을 통해 종합적으로 시장을 분석하고 투자의 기준을 잡을 수 있도록 책을 구성했다.

처음 온체인 데이터를 경험하는 투자자들도 쉽게 이해할 수 있게 고민해서 책을 만들었지만, 그래도 생소하고 다소 어렵게 느껴질 수도 있다. 반대로 너무 쉽게 접할 수 있는 내용이었다면 제목처럼 고래들의 투자 비밀이 될 수 있었을까? 그만큼 반복해서 읽어 볼 가치가 있는 내용이다.

이 책을 다 읽고 난 후 이전에는 없었던 명확한 비트코인 투자 방법과 기준이 생길 거라고 필자는 확신한다.

추천사

온체인 데이터는 웹3 정보의 모든 것을 담고 있습니다. 방대한 정보 속에서 미그놀렛 님의 인사이트가 투자의 이정표가 될 수 있기를 바랍니다.

– 주기영, 크립토퀀트(Cryptoquant) 대표

암호화폐 시장의 흐름을 이해하기 위해서는 정확한 데이터 분석이 필수적이다. 이 책은 그러한 분석을 통해 현명한 투자 결정을 내리는 방법을 친절하게 안내한다. 암호화폐 투자에 관심 있는 초보자라면 반드시 읽어야 할 필독서다.

– 조재우, 한성대 사회과학부 교수, 블록체인연구소 소장,

『안전하고 친절한 블록체인 안내서』 저자

코인 투자는 '감'으로 하는 거라고들 말한다. 그러나 운으로만 작동하는 투자는 없다. 투자의 세계에는 언제나 논리 구조가 있다. 기존 투자 자산에는 없던, 코인에만 존재하는 새로운 논리 구조가 '온체인 데이터'다. 온체인 데이터를 어떻게 읽고, 이를 투자에 어떻게 접목할 수 있는지를 알려주는 일타강사가 바로 '미그놀렛'이다.

– 고란, 前 중앙일보 기자, 유튜브 '알고란(알기 쉬운 투자뉴스 고란 TV)' 운영, 『넥스트 머니』 저자

암호화폐 시장이 세계적으로 조금씩 인정받으며 투자 관심도는 높아지지만, 아직 암호화폐 투자에 필수인 온체인 데이터를 배울 수 있는 지침서는 거의 없는 실정이다. 이 책을 통해 저자가 오랫동안 연구해 온 온체인 데이터를 짧은 시간에 습득하여 투자에 활용할 수 있게 될 것이다.

– 크립토 댄, 온체인 데이터 분석가(CQ Verified Author),
코인 칼럼니스트(CoinDesk, Coinness)

목차

| 3장 | 비트코인 고래들의 투자를 추적하는 다른 방법들

| 4장 | 온체인 데이터 초보 투자자를 위한 매뉴얼

2부 ———— 차트 투자 기법

| 1장 | 투자의 시작

| 2장 | 투자의 기준이 되는 다양한 차트 패턴

| 3장 | 고래는 특정 기간에 맞춰서 움직인다

| 4장 | 시장 분석의 확률을 높이는 다양한 지표

| 5장 | 투자의 기준이 되는 다양한 캔들 패턴

| 6장 | 고래의 직접 개입 후 나타나는 흔적

1부

온체인 데이터

1장

새로운 투자의 시작, 온체인 데이터

먼저 온체인 데이터에 대한 기본 개념을 이해하고, 반드시 알아야 하는 데이터 플랫폼과 주요 데이터에 대해 알아보자.

1. 온체인 데이터란 무엇인가?
2. 반드시 알아야 하는 온체인 데이터 플랫폼

1.

온체인 데이터란 무엇인가?

온체인 데이터는 블록체인에서 발생한 트랜잭션(이동)에 대한 기록이다. 여러 가지 방식으로 사용자는 블록체인 네트워크에 기록을 남기는데, 이러한 모든 트랜잭션을 온체인 데이터라 부른다. 가공되지 않은 날 것의 데이터는 'Blockchain'에서 확인할 수 있다.

Blockchain 홈페이지 : www.blockchain.com

1번, 2번 사진을 보면 비트코인 트랜잭션이 언제, 어떤 지갑 주소에서

(From) **어디로(To), 얼마나 옮겨갔는지 모두 확인할 수 있다.**

중앙에서 통제하지 않고 모든 기록이 오픈된 탈중앙화 시스템이기 때문에, 우리는 고래(기관)들의 움직임을 알 수 있다.

하지만 날것의 1차 데이터 기록만으로는 지갑(코인 구매자) 주소의 주체를 알 수가 없다. 1차 데이터 기록에서 우리가 투자 관점에서 추측할 수 있는 부분이 있다면, 비트코인 개수를 알 수 있다는 점이다. 즉, 현재의 지갑 주체가 소규모 투자자인지, 큰 규모의 고래(기관) 투자자인지 정도만 파악할 수 있다. 탈중앙화 시스템이라도 수많은 지갑을 모두 추적할 수 없기 때문에, 1차 데이터 기록만 가지고 고래(기관)의 흔적을 모두 쫓아가는 것은 현실적으로 불가능하다.

그렇기 때문에 1차 데이터에서 발견한 지갑이 누구인지 증명하여 가공시킨 2차 데이터를 활용해야 한다. 2차 데이터에는 비트코인 지갑의 소유자가 라벨링 되어 있다. 이 소유자들은 크게 거래소, 채굴자, 고래로 나눌 수 있다.

라벨링을 할 수 있는 이유는 큰 규모의 지갑은 거래소 혹은 기관에서 지갑 주소를 오픈하기 때문이다. 이렇게 라벨링을 하고 상관관계가 있는 트랜잭션을 분석하여, 새로운 라벨링을 끊임없이 하고 자료화해서 2차 데이터로 가공한다.

우리는 이러한 데이터를 다양한 관점에서 분석하여 고래(기관)들의 움직임을 파악할 수 있다.

라벨링(labeling)이란

온체인 데이터상의 알 수 없는 지갑(코인 구매자)을 분석하여 이름을 붙이는 행위, 이를 통해 알 수 없는 지갑에 대해 A 지갑이라는 이름표를 붙여주게 된다.

2.

반드시 알아야 하는 온체인 데이터 플랫폼

이제 2차 가공된 온체인 데이터를 제공하는 데이터 플랫폼을 알아보자. 지금부터 배울 온체인 데이터 플랫폼은 투자 관점에서 반드시 알고 활용해야 하는 플랫폼이다. 플랫폼 데이터를 이해하기 위한 용어 및 개념에 대해서 살펴보자.

많은 온체인 데이터 중 필자가 생각하는 실전 투자에 자주 사용되고 도움이 되는 데이터를 선별하여 초보자들도 쉽게 이해할 수 있도록 하였다. 조금 더 자세한 설명과 추가 데이터를 확인하고 싶다면 아래 링크를 참고하면 된다.

크립토퀀트 데이터 : https://dataguide.cryptoquant.com/

글래스노드 데이터 : academy.glassnode.com

1) 크립토퀀트(Cryptoquant) 데이터

거래소 보유량(Exchange Reserve)

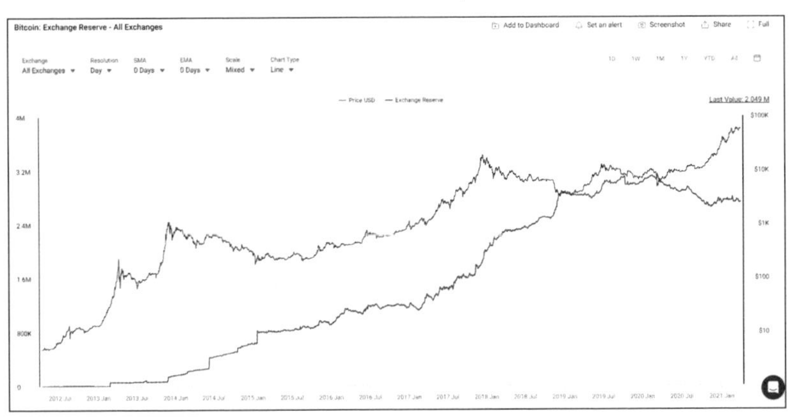

거래소에 비트코인이 얼마나 있는지 알려주는 데이터다. 일반적으로 거

래소에 비트코인이 증가하면 팔 수 있는 비트코인이 많아지게 되면서 가격 하락 가능성이 높아진다. 반대로 비트코인이 줄어들면 가격 상승 가능성이 높아지게 된다.

이유는 거래소에 해킹 위험이 항상 있기 때문이다. 그래서 규모가 큰 고래들은 비트코인을 안전하게 보관하기 위해, 비트코인을 출금해 해킹 위험이 낮은 개인 지갑에 보관할 가능성이 높다. 이러한 원리를 활용하여 데이터를 분석할 수 있다. 구체적으로 전체 거래소 및 개별 거래소 그리고 현물(Spot), 선물(Derivative) 거래소를 분류하여 데이터를 확인할 수 있다.

거래소 순 입출금량(Exchange Netflow)

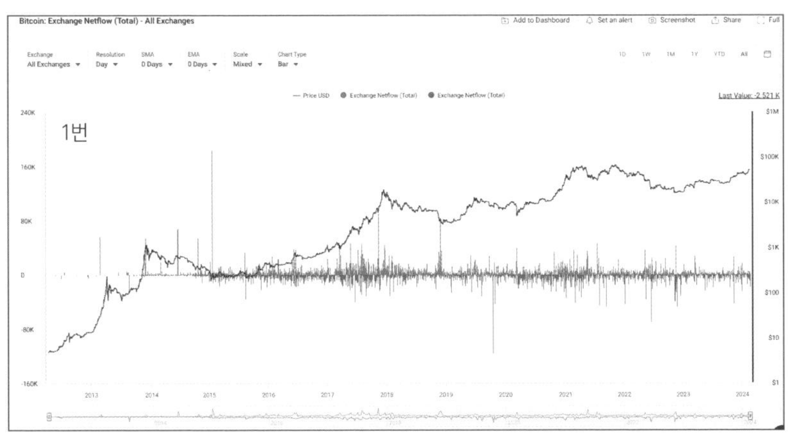

이번에는 거래소 입금, 출금 움직임을 개별적으로 보여주는 데이터를 알아보자.

특정 시기에 비트코인 입금 혹은 출금이 많거나, 한번에 얼마나 많은 비트코인이 입출금 되느냐를 알 수 있다. 이를 통해 고래의 움직임과 가격 변동성의 강도를 분석할 수 있다. 천 개의 비트코인을 파는 것과 만 개를 파는 것의 가격 변동성은 완전히 다르다.

2번 사진은 '순 입출금량(Exchange Netflow) 데이터'에 이동 평균선을 활용하여 만든 데이터다.

특정 구간에서 거래소 비트코인이 증가하는지(빨간색 박스), 아니면 줄어드는지(초록색 박스) 조금 더 세부적으로 알 수 있어, 비트코인 가격과 상관관계를 참고하여 투자에 활용할 수 있다.

거래소 간 총 코인 이동량(Exchange to Exchange Flow)

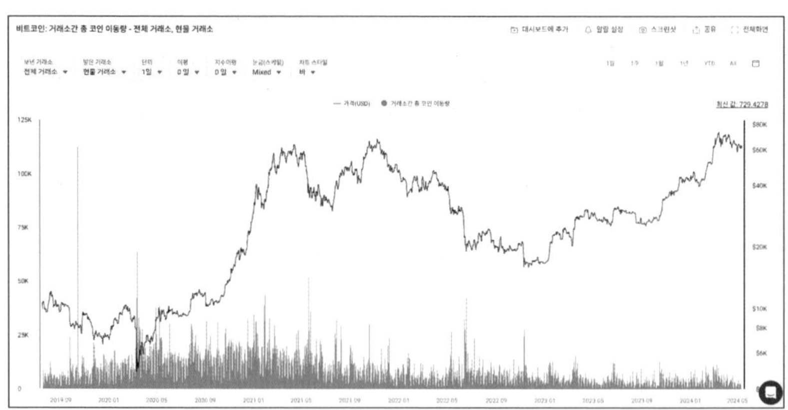

이미 거래소에 있는 비트코인이 다른 거래소로 이동할 때, 거래소 간 이동되는 양을 알려주는 데이터다. 전체 거래소에서 현물(Spot) 거래소, 파

생(선물) 상품 거래소(Derivative)로 이동하거나, 개별 거래소로 이동하는 움직임도 확인할 수 있다.

특히 전체 거래소(All Exchanges)에서 파생(선물) 상품 거래소(Derivative)로 이동되는 움직임이 많으면 가격 바닥 혹은 상승 가능성이 높다. 왜냐하면 고래가 비트코인을 담보로 선물 거래를 할 가능성이 높아지기 때문이다. 파생(선물) 거래 자체가 위험성이 높은데 투자한다는 말은, 그만큼 현재 가격대가 안전한 구간이라고 판단하기 때문이다. 이 때문에 가격 바닥 가능성 또한 높아질 수 있다.

이외에도 거래소와 관련된 데이터에는 거래소 입금/출금 개별 데이터, 평균 데이터, 상위 10위 입/출금 데이터 등이 있다. 이 모든 데이터가 크립토퀀트에 있다.

SOPR 데이터(단기, 장기)

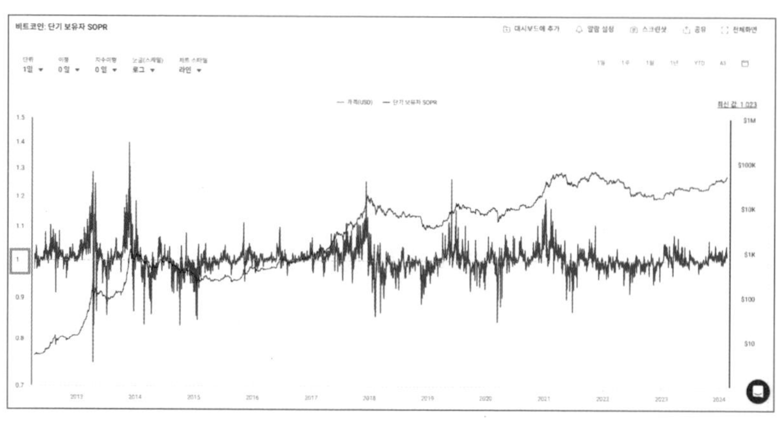

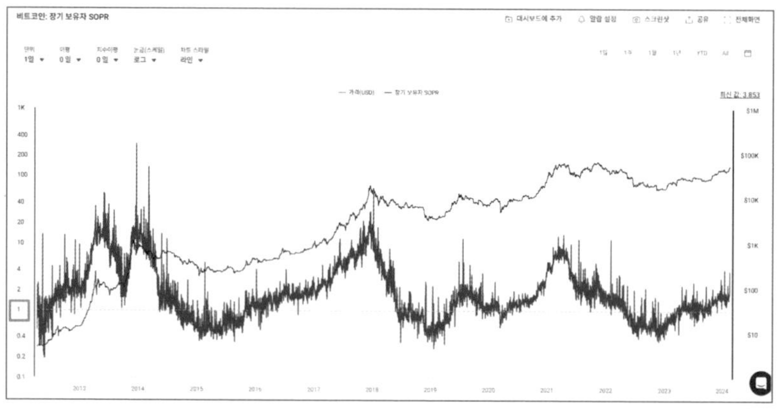

비트코인을 보유하고 있는 투자자가 수익을 보고 있는지, 손실을 보고 있는지 알 수 있는 데이터다.

1보다 높으면 수익을 본 투자자 비율이 높고, 1보다 낮으면 손실을 본 투자자 비율이 높다. 1보다 높아질수록 수익 실현을 하는 투자자 비율이 높아지기 때문에 가격 조정 가능성이 높아지고, 1보다 낮아질수록 손해를 보며 매도하는 투자자가 많아져 상대적으로 가격 바닥 가능성이 높아진다.

장단기 구분 기준(155일 이상 – 장기 보유자, 155일 미만 – 단기 보유자)

크립토퀀트에는 단기 보유자와 장기 보유자를 분류하여 제공하는 데이터가 많기 때문에 미리 알아둘 필요가 있다.

다만 상황과 시기에 따라 해석이 달라질 수 있다. 장기 보유자 SOPR데이터가 1보다 높아졌지만(빨간색 박스), 오히려 본격적으로 가격이 상승하는 구간에서는 SOPR 데이터의 상승이 가격 하락이 아니라 본격적인 가격 상승의 신호탄이 될 수 있다.(초록색 박스)

이러한 현상이 반복되는 이유는 시장의 분위기가 좋지 않은 하락장 시기에는 신규 투자자(단기 보유자)가 투자 후 가격 하락으로 인해 자산이 묶이게 되기 때문이다. 이러면 지속된 하락으로 더 이상 투자할 돈이 없어지게 된다. 다시 말해, 가격 상승을 만들 수 있는 돈이 시장에서 사라지게 된다.

그러면 신규 투자자(단기 보유자)는 비트코인을 팔지 못하게 되고 장기 보유자로 바뀌게 된다. 이러한 이유로 긴 시간 비트코인 가격은 하락하고 투자 수단으로 매력이 떨어지게 된다. 물론 이 시기에도 현금을 보유하고 있는 고래가 있겠지만, 그들에게는 비트코인을 사야 할 이유가 필요하다.

비트코인은 4년마다 공급량이 절반으로 줄어드는 반감기가 있다. 공급량이 줄어드는 것은 결국 희소성이 생긴다는 것이고, 이 때문에 4년마다 다시 비트코인에 투자할 이유가 생기게 된다. 그렇기 때문에 반감기 전후 신규 유입이 다시 발생하게 되고 가격은 상승하게 된다. 하지만 하루에 새롭게 생산되는 비트코인 공급량으로는 수요를 충족시킬 수 없기 때문에, 오랫동안 축적되어 있던 장기 투자자의 비트코인을 사게 된다.

이러한 이유로 장기 보유자 SOPR 데이터 증가와 함께 가격은 상승하게 된다.

이렇게 상승이 진행되다 보면 반대로 신규 투자자도 판매하는 시기가 오게 되고, 그 시기가 지나면 다시 하락장은 시작된다. 이 사이클은 늘 반복되고 있다.

바이너리(Binary) CDD

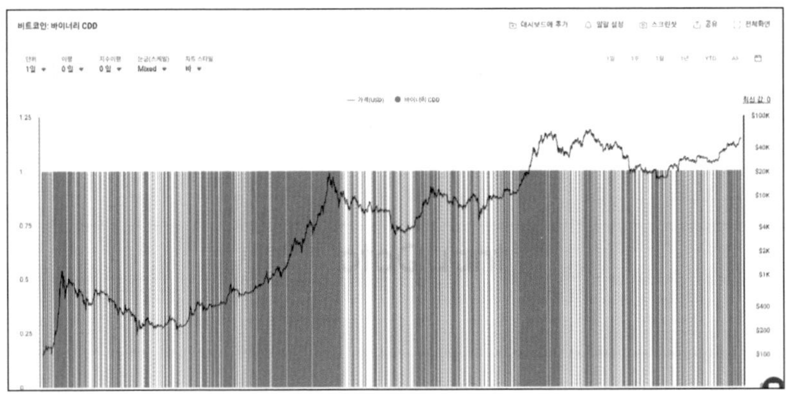

바이너리(Binary) CDD 데이터는 초록색 선의 밀도로 시장을 분석할 수 있다. 밀도가 높으면 장기 투자자들의 이동이 활발하다고 볼 수 있다.

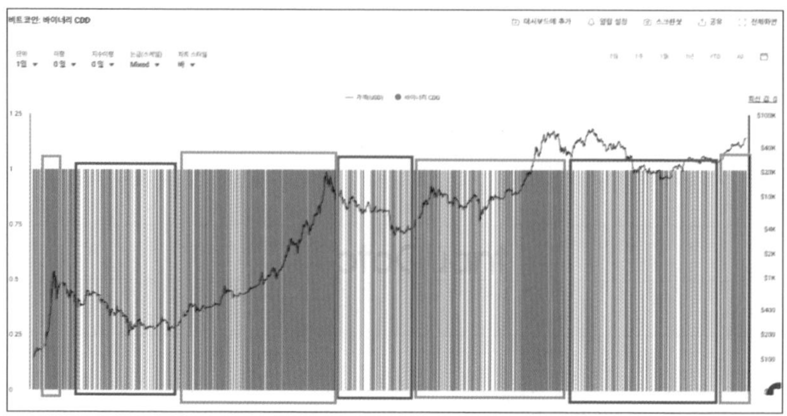

앞의 데이터 설명(장기보유자 SOPR)과 마찬가지로, 밀도가 높아지면 가격이 상승하고(주황색 박스) 밀도가 약해지면 활동이 줄어들고 가격은 하락하게 된다.(파란색 박스)

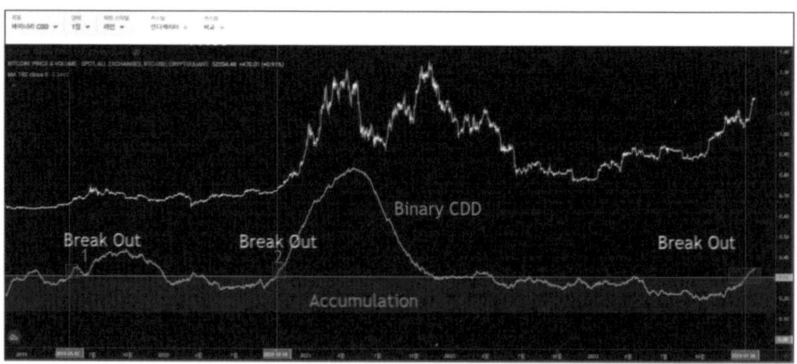

바이너리(Binary) CDD 데이터에 이동 평균선을 활용하여 투자에 활용할 수 있다. 축적 구간(Accumulation)인 초록색 박스를 돌파(Break out)

하면 가격이 상승하는 패턴을 확인할 수 있다.

> Coin Days Destroyed(CDD)란?
>
> 이동한 코인 개수와 마지막 이동 기간을 곱한 값이기 때문에, 장기 보유자의 움직임이 많아지게 되면 데이터는 상승하게 된다.

스테이블 코인 공급량 비율(Stablecoin Supply Ratio)

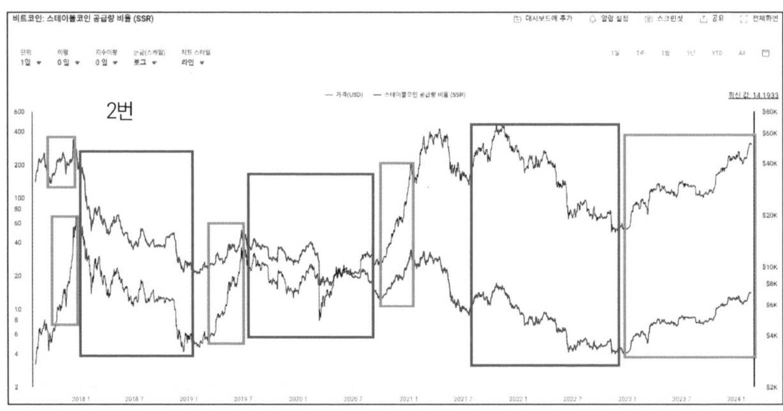

전체 시가 총액을 스테이블 코인 시가 총액으로 나눈 데이터다. 스테이블 코인은 쉽게 설명하면 달러, 즉 구매력이라고 생각하면 된다.

스테이블 코인 공급량이 많으면 구매력이 높아진다고 볼 수 있고, 결국

비트코인을 살 수 있는 돈이 많아지게 된다. 2번 사진에서 비율이 오르면 가격은 상승(초록색 박스)하고, 떨어지면 하락(빨간색 박스)하고 있다.

채굴자 포지션 지표(Miners' Position Index)

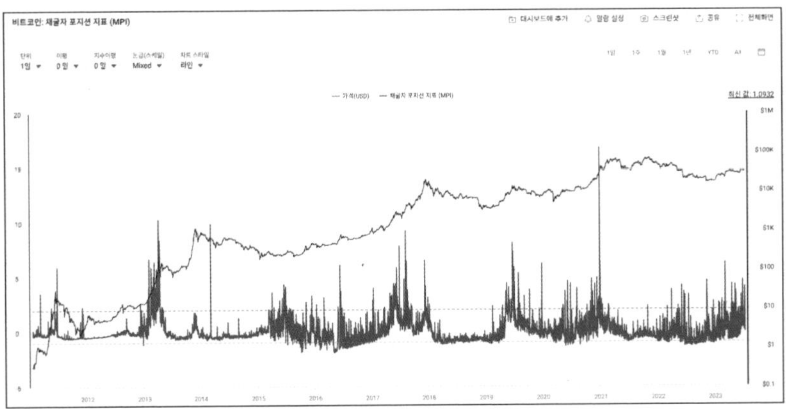

채굴자들의 움직임을 확인할 수 있는 데이터다. 채굴자 지갑의 일일 출금량을 1년 평균 출금량으로 나눠 계산한 데이터다. 데이터가 높아지면 상대적으로 많은 비트코인이 채굴자 지갑에서 출금되고 있다는 것이기 때문에 주의가 필요하다. 자세한 내용은 2장의 5항 '비트코인 채굴자 관련 데이터 활용하기'에서 다루겠다.

푸엘 멀티플(Puell Multiple)

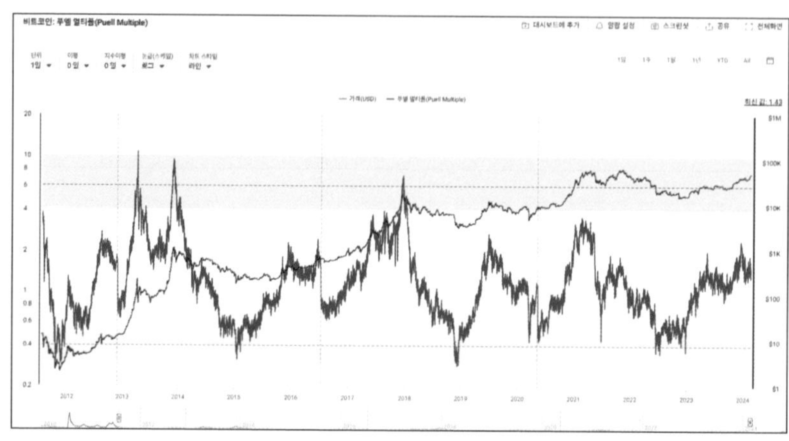

일일 채굴 비트코인 가치 대비 1년 평균 채굴 가치로 나눈 값이다. 가격이 높아지면 일일 채굴 코인 가치는 당연히 높아지게 되며, 대부분의 채굴자가 수익을 얻고 있다는 뜻이다. 즉, 데이터가 상승하게 되면 비트코인을 매도할 가능성이 높아지고 있다고 해석할 수 있다.

그 기준을 색깔로 구분을 해뒀는데, 빨간색 구간이 가격 고점 신호, 초록색 구간이 가격 바닥 신호라고 볼 수 있다.

| 주의 |

2021년 상승 사이클에는 빨간색 박스에 도달하지 않고, 가격이 하락했기 때문에 반드시 빨간색 구간에 도달해야 가격 고점이라고 볼 수 있는 건 아니다. 하지만 비트코인과 채굴자의 관계는 가치 측면에서 매우 중요하기 때문에, 이 데이터는 계속해서 체크할 필요가 있다.

시장가 매수/매도 비율(Taker Buy Sell Ratio)

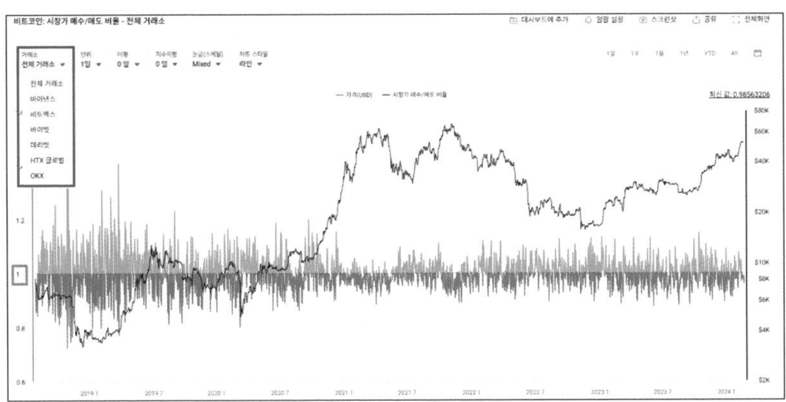

시장가 매수/매도 비율이라는 데이터 명칭에 모든 설명이 담겨 있다. 말 그대로 시장가 매수량을 매도 주문량으로 나눈 비율이라는 뜻이다. 1이 기준이며 1보다 높을수록 특정 가격대에서 매수세가 강하고, 반대로 1보다 낮을수록 특정 가격대에서 매도세가 강하다고 볼 수 있다.

> **지정가 주문:** 주문 가격을 미리 지정하고, 원하는 지정가에 도달해야만 주문이 체결되는 방식
>
> **시장가 주문:** 현재 시장에서 거래되고 있는 가격으로 주문이 즉시 체결되는 방식

시장가 주문은 빠른 대응을 할 수 있기 때문에 지정가보다 수수료가 높다. 예를 들어 비트코인을 8천만 원에 10개를 사고 싶은데, 8천만 원에 1개밖에 주문 호가가 없다면 더 높은 가격을 주고 비트코인을 구매해야 한다. 그러므로 고래가 비트코인을 시장가로 구매하면 가격이 갑자기 높아지는 현상이 발생할 수 있다.

'주문 호가'에 대한 자세한 부분은 143쪽의 '고래도 특정 가격대를 설정하고 전략을 만든다.'를 참고

전체 거래소뿐만 아니라 개별 거래소 비율을 살펴볼 수 있다. 거래량이 없는 중소형 거래소 같은 경우에는 주문 호가가 적기 때문에 급격한 상승 움직임이 나타날 수 있다. 이러한 움직임을 만들 수 있는 주체는 고래일 가능성이 높고, 만약 고래가 움직임(매수/매도)을 만들었다면 반드시 흔적

을 남기게 된다.

자세한 부분은 '3장 비트코인 고래들의 투자를 추적하는 다른 방법들'에서 다루도록 하겠다.

코인 베이스 프리미엄 지표(Coinbase Premium Gap)

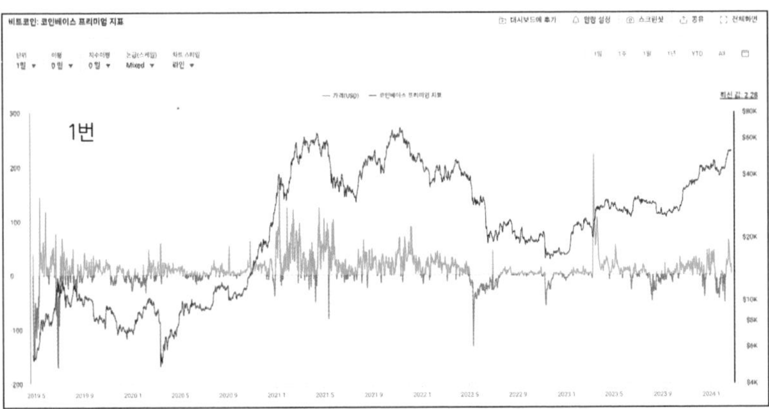

코인 베이스 거래소와 바이낸스 거래소 간의 가격 격차를 나타내는 데이터다. 초록색(양수)으로 갈수록 상대적으로 코인 베이스 가격이 높다고 볼 수 있으며, 미국 투자자들의 매수세가 강하다고 볼 수 있다.

1번 사진 데이터는 일일 데이터 기준이지만,

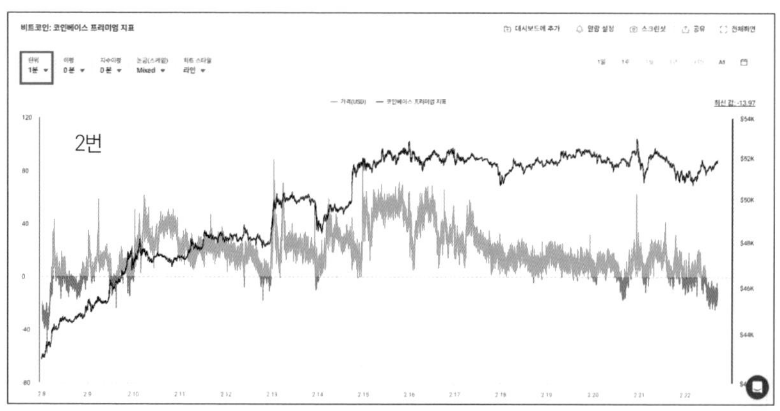

코인 베이스 프리미엄 지표는 2번 사진의 1분 데이터가 자주 활용된다. 가격 변동성이 클 때 짧은 시간 동안 코인 베이스 거래소와 바이낸스 거래소의 가격 차이가 크게 나는지 확인할 수 있다. 상대적으로 가격 차이가 크게 난다면 고래의 개입 가능성이 높다고 볼 수 있다. 그렇지 않다면 개입 가능성이 적기 때문에 거래소 간의 가격 격차를 다양한 방식으로 투자에 활용할 수 있다.

자세한 부분은 '3장 비트코인 고래들의 투자를 추적하는 다른 방법들'에서 다루도록 하겠다.

다음 부분에서 설명할 데이터를 알기 전 UTXO 개념에 대해 알아야 쉽게 데이터를 활용할 수 있다.

UTXO는 무엇인가요?

'Unspent Transaction Outputs'의 약자로서, 미사용 트랜잭션 출력값을 말한다.

UTXO를 깊게 파고 들어가면 이해하기가 쉽지 않다. 온체인 데이터를 투자 관점에서 해석하고 접근할 정도로 설명을 하자면, A와 B 지갑 사이에 이뤄진 모든 기록이며 거래 횟수다.

구체적으로 들어가면 '이중 지불', '수동 통합', '자동 통합', '이더리움 스마트 컨트랙트'와 같은 구체적인 개념 이해가 필요하다. 하지만 투자 관점에서는 구체적인 개념까지 이해할 필요가 없고, 실제로 구체적으로 배운 개념이 실전 투자에 활용되지도 않는다.

간단히 생각해 '거래 기록 혹은 거래 횟수'라고 알고 데이터에 접근하면 이해하는 데 어려움이 없다.

UTXO의 카운팅 그리고 보관된 코인 UTXO 가 움직이면서 발생하는 보유 기간 등을 활용하여 투자에 접목할 수 있다.

거래소 입금량 – 사용된 UTXO 생존 기간별 분포(Spent Output Age Bands)

거래소 입금량 – 사용된 UTXO 생존 기간별 분포(%)

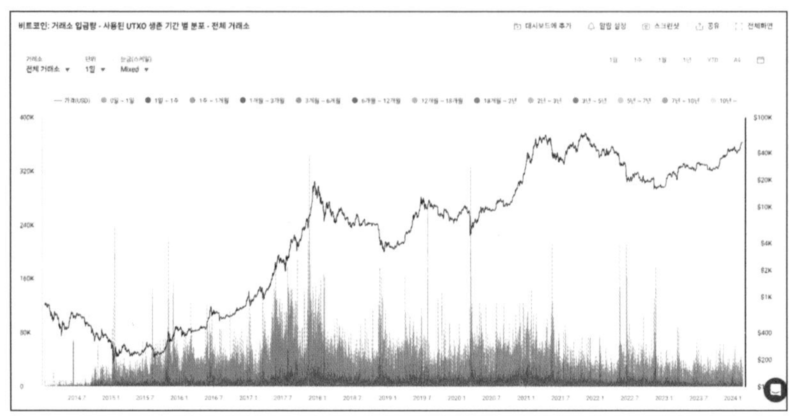

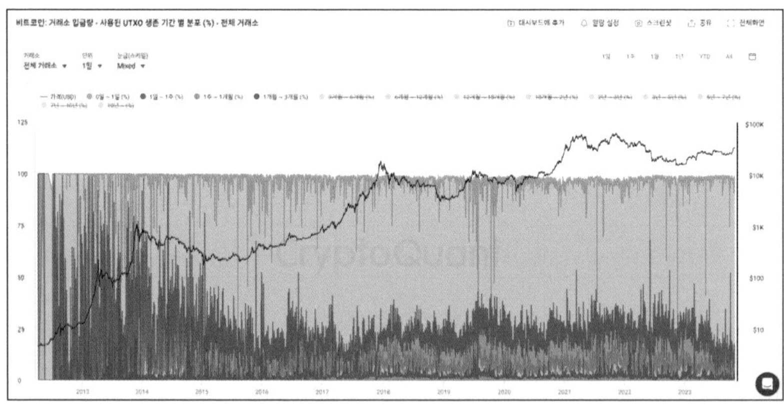

사용된 UTXO가 거래소로 입금되는 양과 비율을 기간별로 분류하여 나타낸 데이터다. 작은 기간 단위부터(0~1일) 굉장히 광범위한 범위까지(10년~) 개별적으로 볼 수 있다.

배웠던 개념을 참고한다면, 거래소로 입금된다는 말은 결국 가격 하락 가능성이 높아진다. 만약 특정 기간 대량의 비트코인이 한번에 거래소로 입금된다면, 가격 하락 가능성이 더욱 높아질 수 있다.

거래소 입금량 – 사용된 UTXO 가치별 분포(%)(Spent Output Value Bands)

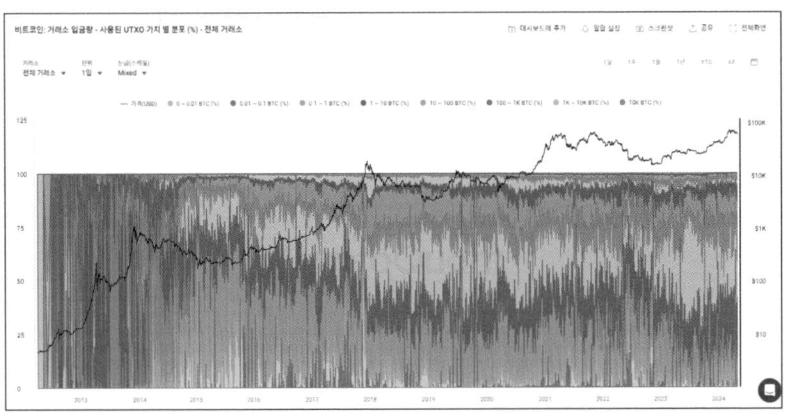

앞에서 설명한 데이터가 기간별로 분류한 데이터라면, 이 데이터는 코인 개수(가치)로 분류하여 표시하고 있는 데이터다. 개수로 범주를 나누게 되면, 상대적으로 많은 개수의 범주는 고래일 가능성이 높아진다. 필자의 경험상 생존 기간별 분포를 확인하는 것보다 실전 투자 관점에서 활용하기 좋다.

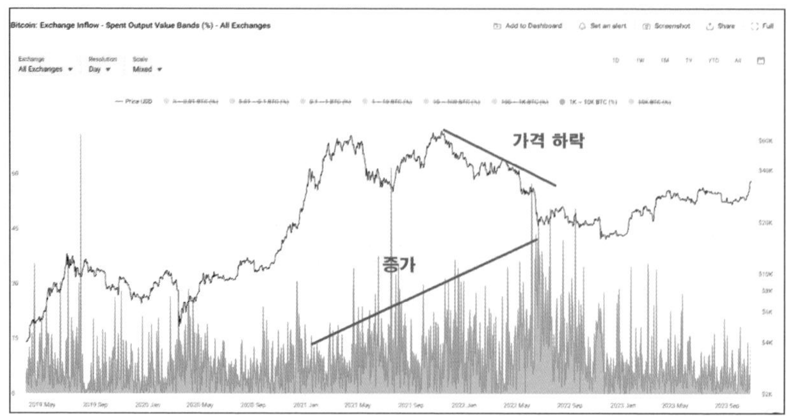

1,000~10,000개 범주의 비트코인 입금 비율이 증가하면서 비트코인 가격이 하락하고 있다. 즉 1,000~10,000개 범주의 고래가 가격에 중요한 역할을 하는 것을 알 수 있으며, 이를 실전 투자에 활용할 수 있다.

사용된 UTXO 생존 기간별 분포(Spent Output Age Bands)

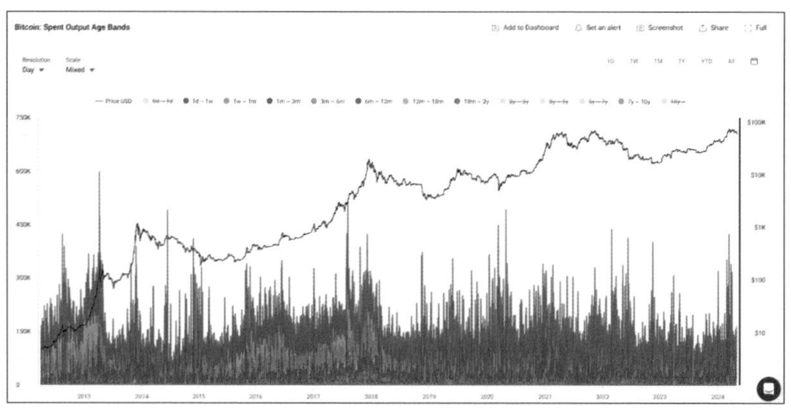

앞에서 설명한 '거래소 입금량 – 사용된 UTXO 생존 기간별 분포'와 동일하다. 다만 거래소가 아닌 전체 이동에 대한 분포를 데이터화했다.

특정 기간에 대량의 비트코인이 이동된다는 건 주의가 필요하다는 증거다. 만약 거래소로 입금된다면 매도 목적 가능성이 높아지고, 거래소가 아닌 이동이라도 OTC(장외) 거래 가능성이 있다. 2가지 상황 모두 주의가 필요하다.

비트코인 거래가 반드시 거래소에서 이뤄져야 한다는 생각은 잘못된 생각이다. 실제 고래들이 거래소에 입금해 매도하게 되면 가격이 크게 움직일 수 있다. 그렇기 때문에 거래소를 사용하지 않고 '개인과 개인'으로 비트코인을 사고팔고 하는 게 유리할 수 있다. 큰 규모의 거래는 변동성 1%도 매우 중요하기 때문에 오히려 장외거래가 선호될 수 있다.

| 주의 |

개인과 개인은 제3자가 없는 모든 거래를 뜻합니다. 즉 개인은 회사, 국가, 기관과 같은 개체를 모두 포함합니다.

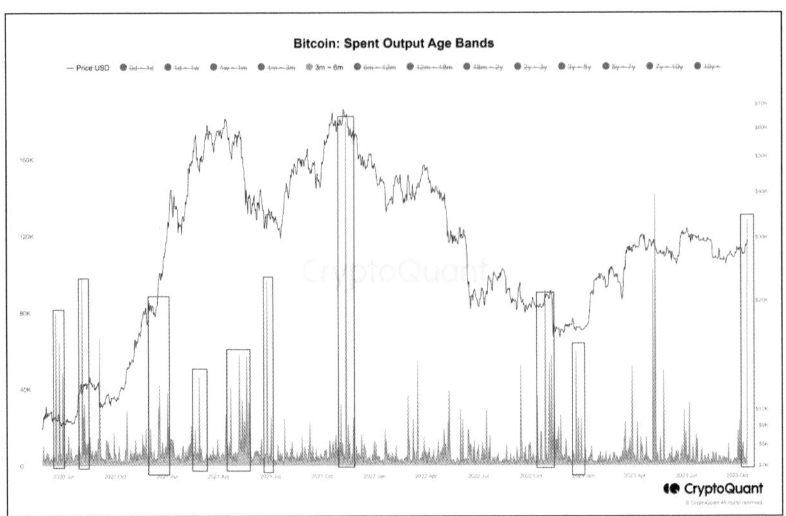

사용된 UTXO 생존 기간별 분포(3개월~6개월) 데이터다. 단순히 데이터 움직임이 많아지거나 높아지면 가격이 하락한다고 해석하는 게 아니라, 변동성(상승, 하락)이 크게 나타난다고 분석할 수 있다. 다른 데이터를 활용하여 가격 방향을 분석했다 해도 언제 가격이 움직일지 모를 때 이를 추가로 활용할 수 있다.

실제로 파란색 박스로 표시한 구간은 이후에 가격 변동성이 크게 나타나고 있다.

2) 글래스노드(Glassnode) 데이터

순 실현 이익/손실(Net Realized Profit/Loss)

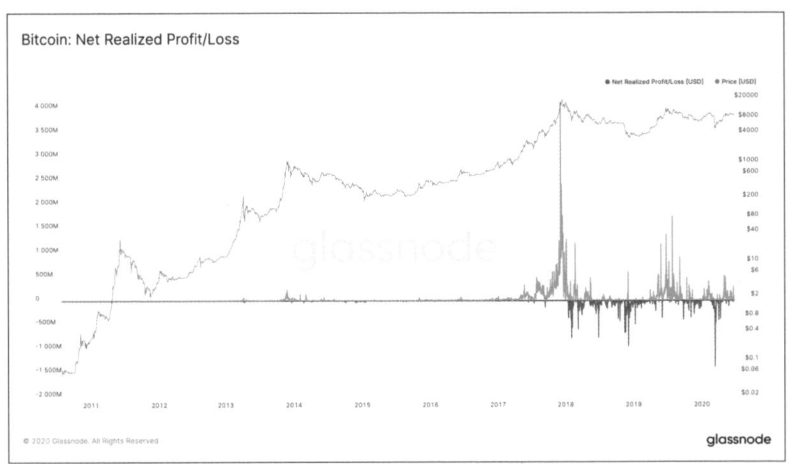

순 실현 이익/손실 데이터는 비트코인을 보유하고 있는 투자자가 비트코인 거래(움직임)를 통해 발생한 이익 또는 손실의 규모를 나타내는 데이터다. 실현 이익/손실 데이터는 코인이 마지막으로 움직였을 때의 가격을 기준으로 평가된다.

실현 이익(Realized Profit)

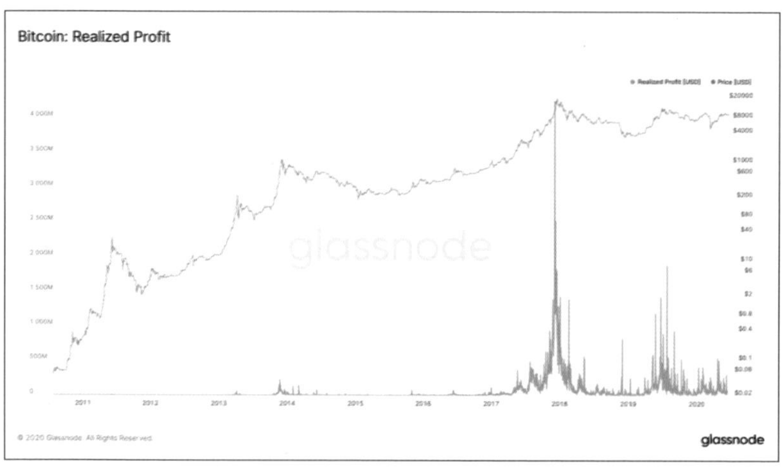

실현 이익(Realized Profit) 데이터는 온체인에서 소비된 코인으로 실현된 총 USD(달러 기준) 수익을 보여 준다. UTXO가 처음 생성된 가격이 UTXO가 사용된 현재 가격보다 낮을 때 코인이 수익을 실현한 것으로 간주한다.

실현 손실(Realized Loss)

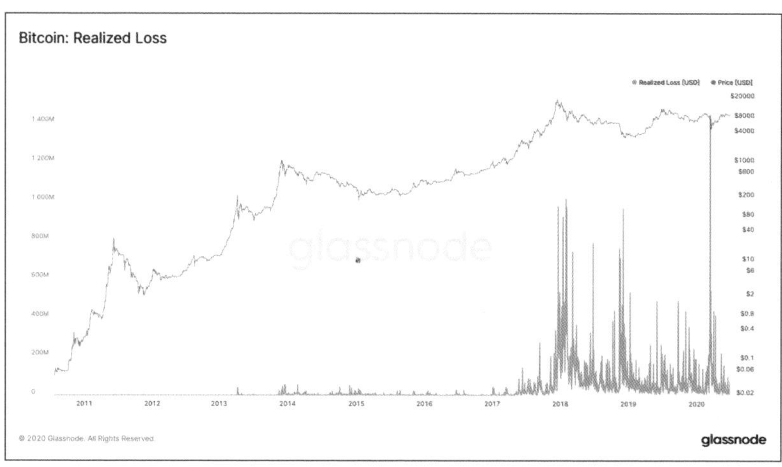

실현 손실(Realized Loss)은 손실로 판매된 코인의 총 USD(달러 기준) 손실을 보여주며, 산출 방식은 실현 이익과 동일하다.

평균 소비 출력 수명(Average Spent Output Lifespan)

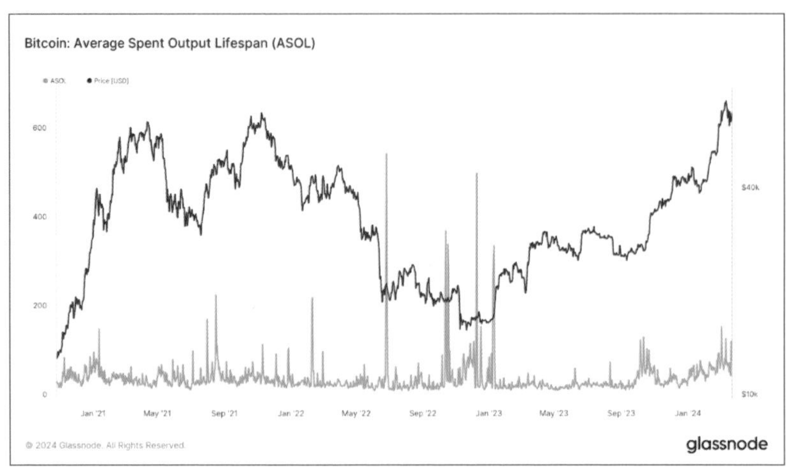

평균 소비 출력 수명(Average Spent Output Lifespan)은 이동된 모든 트랜잭션 출력의 평균 기간이다.

평균 소비 출력 수명 데이터는 오래된 코인이 이동하면 데이터가 높아지는 방식이다. 하지만 이 데이터의 단점은 기간만을 고려하고, 코인 개수는 데이터에 반영하지 않는다는 점이다. 그렇기 때문에 데이터의 움직임이 빈번하면 가격 하락 변동성을 생각해 볼 순 있어도, 하락 강도를 측정하기에는 어려움이 있다.

누적 추세 점수(Accumulation Trend Score)

누적 추세 점수(Accumulation Trend Score)가 1에 가까울수록 전체적으로 더 큰 개체(고래)가 축적되고 있음을 나타내고, 값이 0에 가까울수록 축적되지 않음을 나타낸다.

쉽게 말해 점수가 1에 가까울수록 지난 한 달 동안 고래가 비트코인을 축적했다고 볼 수 있다.

반대로 점수가 0에 가까울수록 지난 한 달 동안 고래가 비트코인을 축적하지 않고 판매했다고 볼 수 있다.

장기 및 단기 홀더 공급량(Long–Term and Short–Term Holder Supply)

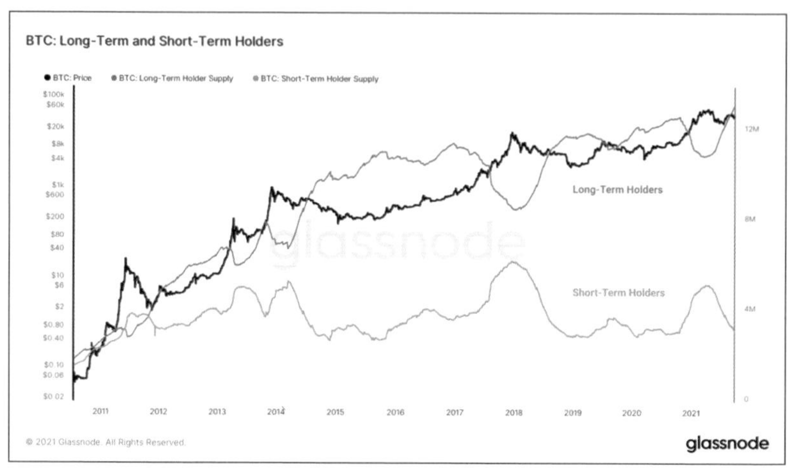

비트코인을 장기 소유한 자(Long–Term Holders)와 단기 소유한 자(Short–Term Holders)들의 숫자를 나타내는 데이터다. 쉽게 말해 장기 보유자와 단기 보유자가 각각 코인을 얼마나 시장에서 보유하고 있는지를 나타내주는 데이터라 생각하면 된다. 비트코인 가격과 상관관계가 매우 높다. 자세한 부분은 '3장 비트코인 고래들의 투자를 추적하는 다른 방법들'에서 다루도록 하겠다.

장단기 구분 기준(155일 이상 – 장기 보유자, 155일 미만 – 단기 보유자)

HODL 웨이브(HODL Waves)

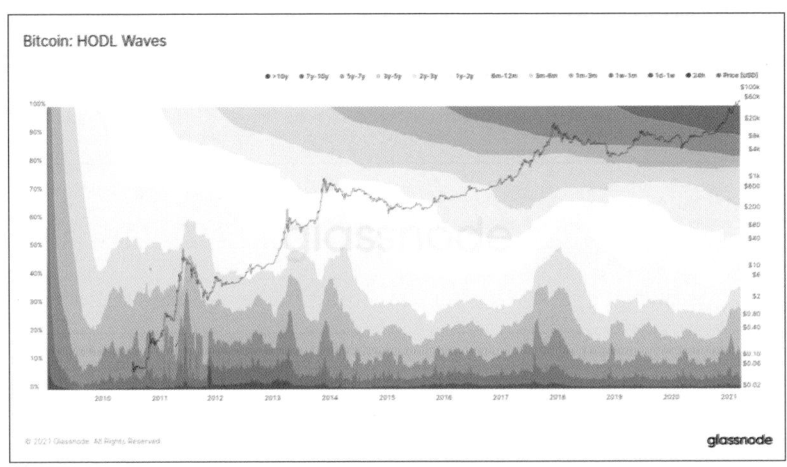

HODL 웨이브(HODL Waves)는 전체 코인 공급량을 기간으로 분류하여, 특정 가격대에 어떠한 기간 범주의 코인이 많이 보유되어 있는지 비율로 나타낸 데이터다. 작게는 1일 미만에서, 많게는 10년 이상의 기간 분류가 되어 있다. 보통 특정 가격대에 오래된 코인 비율이 높다면 시장은 하락 추세 구간이라 볼 수 있으며, 단기 코인 비율이 높다면 시장은 상승 추세 구간이라고 볼 수 있다.

> **HODL이란?**
> 호들(HODL)은 홀드(HOLD)의 오타에서 비롯된 코인 시장의 속어. 이후 이 오타는 "목숨 걸고 버티기(Hold On For Dear Life)"라는 문구의 약어로 널리 사용되고 있다.

3) 그 외 플랫폼 데이터

Top 100 Richest Bitcoin Addresses

	Address	Balance	% of coins	First In	Last In	Ins	First Out	Last Out	Outs
1	34xp4vRoCGJym3xR7yCVPFHoCNxv4Twseo wallet: Binance-coldwallet	248,597 BTC ($9,301,488,750)	1.27%	2018-10-18 21:59:18	2023-11-10 12:54:46	813	2018-10-18 22:19:26	2023-01-07 15:15:34	451
2	bc1qgdjqv0av3q56jvd82tkdjpy7gdp9ut8tlqmgrpmv24sq90ecnvqqjwvw97 wallet: Bitfinex-coldwallet	190,010 BTC ($7,109,393,430)	0.9720%	2019-08-16 19:00:29	2023-11-18 08:48:36	137	2020-02-03 02:43:14	2023-03-31 01:46:34	111
3	bc1ql49ydapnjafl5t2cp9zqpjwe6pdgmxy98859v2	118,300 BTC ($4,426,305,422)	0.6052%	2023-05-09 03:42:20	2023-11-07 17:04:23	177	2023-05-10 08:16:11	2023-05-10 08:16:11	1
4	39884E3j6KZj82FK4vcCrkUvWYL5MQaS3v wallet: Binance-coldwallet	115,177 BTC ($4,309,462,578)	0.5892%	2023-06-19 18:54:17	2023-09-10 16:33:16	7			
5	bc1qazcm763858nkj2dj986etajv6wquslv8uxwczt	94,643 BTC ($3,541,162,002)	0.4842%	2022-02-01 13:14:24	2023-09-26 00:00:17	70			
6	37XuVSEpWW4trkfmvWzegTHQt7BdktSKUs wallet: 77804498	94,505 BTC ($3,535,999,986)	0.4836%	2019-09-06 12:30:06	2023-11-18 08:48:36	157	2021-07-04 12:56:36	2021-07-04 13:10:14	2
7	1FeexV6bAHb8ybZjqQMjJrcCrHGW9sb6uF	79,957 BTC ($2,991,670,882)	0.4090%	2011-03-01 19:26:19	2023-10-01 15:37:04	525			
8	bc1qa5wkgaew2dkv56kfvj49j0av5nml45x9ek9hz6	69,370 BTC ($2,595,545,822)	0.3549%	2020-11-04 06:31:39	2023-07-13 20:36:04	69			
9	3LYJfcfHPXYJreMsASk2jkn69LWEYKzexb wallet: Binance-BTCB-Reserve	68,200 BTC ($2,551,762,724)	0.3489%	2018-06-17 20:52:41	2023-11-18 08:48:36	70	2022-11-18 12:36:20	2022-11-18 12:36:20	54
10	bc1qd4ysezhmypwty5dnw7c8nqy5h5nxg0xqsvaefd0qn5kq32vwnwqqgv4rzr	59,300 BTC ($2,218,764,912)	0.3034%	2021-10-11 21:39:15	2023-11-12 22:13:35	63	2022-07-16 00:51:57	2023-10-19 17:46:03	59
11	bc1qjasf9z3h7w3jspkhtgatgpyvvzgpa2wwd2lr0eh5tx44reyn2k7sfc27a4	57,576 BTC ($2,154,268,010)	0.2946%	2022-09-30 20:50:39	2023-11-18 08:48:36	34	2022-09-30 22:24:19	2023-10-19 17:53:10	31
12	1LdRcdxfbSnmCYYNdeYpUnztiYzVfBEQeC	53,880 BTC ($2,015,969,650)	0.2756%	2014-05-28 07:49:42	2023-11-12 05:38:50	170			
13	1AC4fMwgY8j9onSbXEWeH6Zan8QGMSdmtA	51,830 BTC ($1,939,279,695)	0.2651%	2018-01-07 23:46:18	2023-05-25 17:58:27	120			
14	1LruNZjwamWJXThX2Y8C2d47QqhAkkc5os	44,000 BTC ($1,646,301,671)	0.2251%	2019-11-25 00:11:20	2023-04-23 20:14:07	49			
15	bc1qjh0akslml59uuczddqu0y4p3vj64hg5mc94c40 wallet: 97947925	41,188 BTC ($1,541,091,428)	0.2107%	2021-03-11 23:37:20	2023-11-18 08:48:36	23	2021-04-01 16:16:15	2023-09-20 16:28:08	3
16	3LCGsSmfr24demGvriN4e3ft8wEcDuHFqh wallet: CoinCheck	40,705 BTC ($1,523,013,069)	0.2082%	2019-10-01 12:09:30	2023-11-20 23:16:27	7417	2019-10-09 13:48:15	2023-11-20 10:54:33	7383
17	3LQUu4v9z6KNch71j7kbj8GPeAGUo1FW6a wallet: Binance-coldwallet	37,927 BTC ($1,419,070,992)	0.1940%	2021-10-25 00:14:53	2023-04-23 20:14:07	11			
18	1Ay8vMC7R1UbyCCZRVULMV7iQpHSAbguJP	36,789 BTC ($1,376,506,470)	0.1882%	2022-11-02 15:45:37	2023-11-18 08:48:36	568	2022-11-02 19:42:08	2023-11-11 14:24:54	158
19	bc1q7ydrtdn8z62xhslqyqtyt38mm4e2c4h3mxjkug	36,000 BTC ($1,346,987,255)	0.1842%	2021-07-27 22:54:26	2023-09-05 02:42:13	30			

Bitinfocharts

Bitinfocharts 플랫폼에서는 Top 100 비트코인 보유 주소를 확인할 수 있다. 이외에도 2차 가공된 지갑 데이터, 즉 지갑 주소의 주인이 누구인지 알 수 있게 라벨링된 지갑 주소를 제공한다.

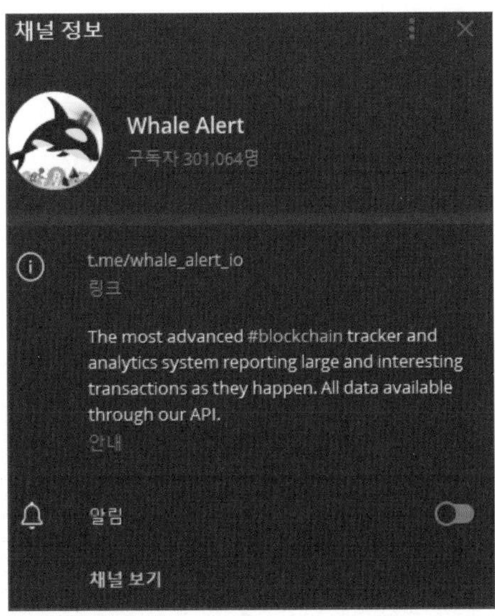
채널 정보
Whale Alert
구독자 301,064명
t.me/whale_alert_io
링크
The most advanced #blockchain tracker and analytics system reporting large and interesting transactions as they happen. All data available through our API.
안내
알림
채널 보기

1,190 #BTC
44,310,844 USD) transferred from #Coinbase to unknown new wallet
개수
이동 경로
댓글 7 개
Whale Alert
개수
4,200 #BTC
156,314,154 USD) transferred from #Bitfinex to unknown wallet
16.3K 오전 2:19
이동 경로
댓글 25 개

Whale Alert

Whale Alert 플랫폼은 큰 규모의 비트코인 이동 움직임을 따로 분류하고 어디로 이동되는지 알려준다. Bitinfocharts와 고래의 이동을 알려주는 Whale Alert를 같이 사용하면, 고래가 누구인지 보다 명확하게 파악할 수 있고 움직임을 분석해 투자에 접목할 수 있다.

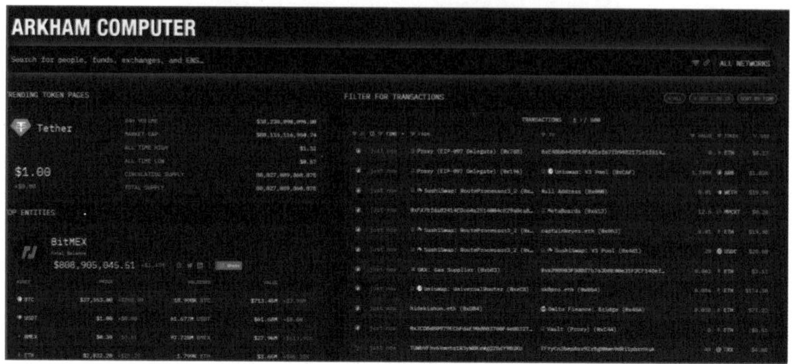

아캄(ARKHAM)

다만 주의할 점이 있는데, Bitinfocharts의 라벨링은 몇 년간 지켜본 결과, 잘못된 라벨링이 생각보다 많다. 이 때문에 아캄(ARKHAM) 플랫폼을 함께 사용하면 신뢰도를 높여줄 수 있다. 아캄 플랫폼의 라벨링 신뢰도는 매우 높다.

Their Bitcoin Trust holdings are spread across >1750 different addresses, with each holding no more than 1000 BTC.
영어에서 번역(Google 제공)
그들의 비트코인 신탁 보유량은 > 1750개의 서로 다른 주소에 분산되어 있으며 각 주소는 1000 BTC를 넘지 않습니다.

Grayscale
$21,091,066,781.32 -$15.39M

PORTFOLIO | HOLDINGS BY CHAIN | PORTFOLIO ARCHIVE

ASSET	PRICE		HOLDINGS	VALUE	
BTC	$25,725.00	-$19.00	627.779K BTC	$16.15B	-$11.93M
ETH	$1,630.76	-$1.17	3.026M ETH	$4.93B	-$3.54M
LINK	$6.13	+$0.07	301.488K LINK	$1.85M	+$21.10K
MATIC	$0.56	-$0.00	3.196M MATIC	$1.77M	-$13.18K
UNI	$4.42	+$0.10	263.888K UNI	$1.17M	+$26.39K
BAT	$0.17	+$0.00	5.826M BAT	$997.72K	+$25.20K
MKR	$1,105.99	-$19.66	338.47 MKR	$374.34K	-$6.65K
AAVE	$55.25	-$0.02	4.999K AAVE	$276.22K	-$99.95
SNX	$2.48	+$0.24	91.488K SNX	$226.89K	+$21.96K

오전 1:34 · 2023년 9월 7일 · **3.2만** 조회수

좋은 예시가 있다면, 투자 신탁 회사인 그레이스케일은 보유하고 있는 비트코인 자산 주소를 공개하지 않는다. 하지만 아캄(ARKHAM)은 1,750개의 알 수 없는 지갑으로 분산된 지갑 주소를 모두 찾아 라벨링하고, 거기에 160억 달러 이상의 비트코인이 있다는 것을 찾은 사례가 있다.

2장에서는 온체인 데이터를 실전에서 어떻게 활용하고 응용할 수 있는지 구체적으로 알아보자.

Bitinfocharts 홈페이지 : www.bitinfocharts.com

Whale Alert 홈페이지 : www.whale-alert.io

아캄(ARKHAM) 홈페이지 : www.arkhamintelligence.com

2장

온체인 데이터로 고래들의 투자를 추적하라

들어가기에 앞서, 온체인 데이터를 통해 고래의 움직임을 파악했어도 시장의 움직임을 100% 알 수 있는 건 아니다. 차트 분석과 마찬가지로 편향된 분석은 위험할 수 있기 때문에, 필자는 항상 여러 가지 데이터를 종합적으로 분석하여 기준을 설정하고 실전 투자에 사용한다. 다만 책에서는 교육적인 측면에서 데이터를 분류하고, 분류된 데이터를 개별적으로 설명하고 접근하기 때문에 종합적인 분석의 어려움이 있을 수 있다. 책에서는 교육을 위해 개별적으로 데이터 사용법을 배우게 되지만, 실전에서는 배운 것들을 갖고 종합적으로 분석 및 사용을 해야 거래 성공 확률을 높일 수 있다는 점을 명심하자.

1. 고래의 비트코인 입출금을 추적하자
2. 기간, 개수 분류에 따른 고래의 움직임 활용하기
3. 고래도 개미처럼 물릴 수 있다
4. 그 밖에 다양한 온체인 데이터
5. 비트코인 채굴자 관련 데이터 활용하기
6. 초보 투자자가 반드시 알아야 할 주의 사항

1.

고래의 비트코인 입출금을 추적하자

거래소 입출금 움직임 활용하기

예시 1

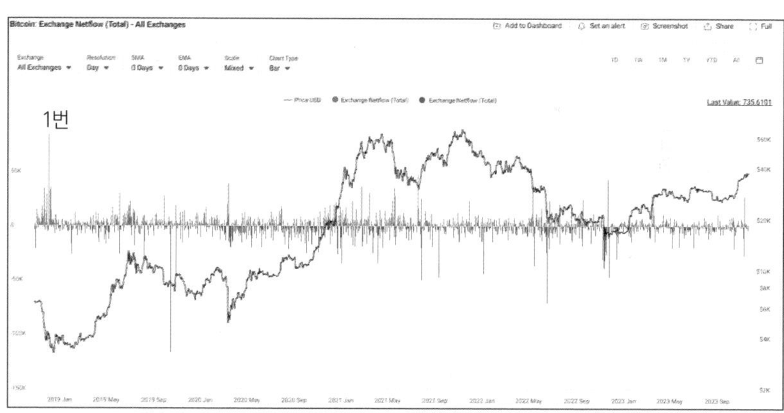

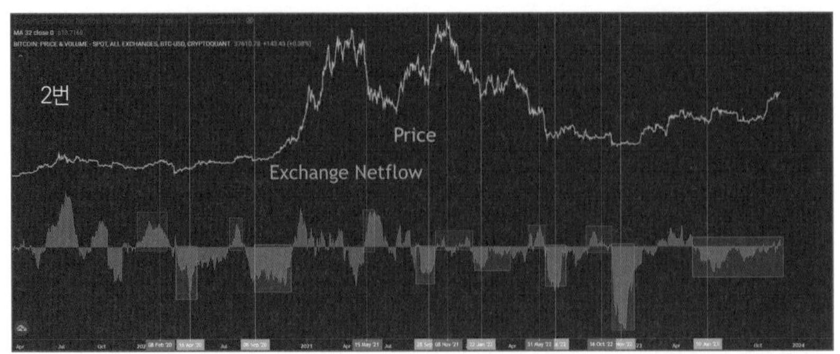

크립토퀀트(Cryptoquant) 데이터

전체 거래소로 입출금되는 비트코인의 양을 알 수 있는 데이터다. 1번 사진이 기본 데이터이며, 2번 사진은 실전 투자에 접목할 수 있게 이동 평균선(32일)을 사용하여 가공한 데이터다.

2번 사진을 살펴보자.

거래소 유입이 많다.(빨간색 박스) → 가격 하락

거래소 유출이 많다.(초록색 박스) → 가격 상승

예시 2

크립토퀀트(Cryptoquant) 데이터

1번 사진은 비트파이넥스 거래소 비트코인 보유량

2번 사진은 전체 거래소에서 비트파이넥스 거래소로 이동되는 비트코인의 양

비트파이넥스 거래소로 입금되는 비트코인이 증가했을 때, 가격이 하락하는 흔적이 발견되었다. 그렇기 때문에 이후 구간에서도, 가격 하락 가능성이 높다고 분석하고 이를 투자에 접목할 수 있다.

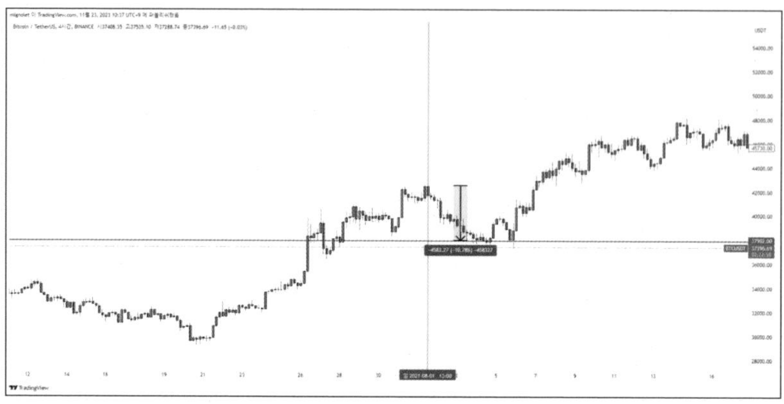

실제로 이후 10% 가격 하락이 발생한 것을 확인할 수 있다.

예시 3

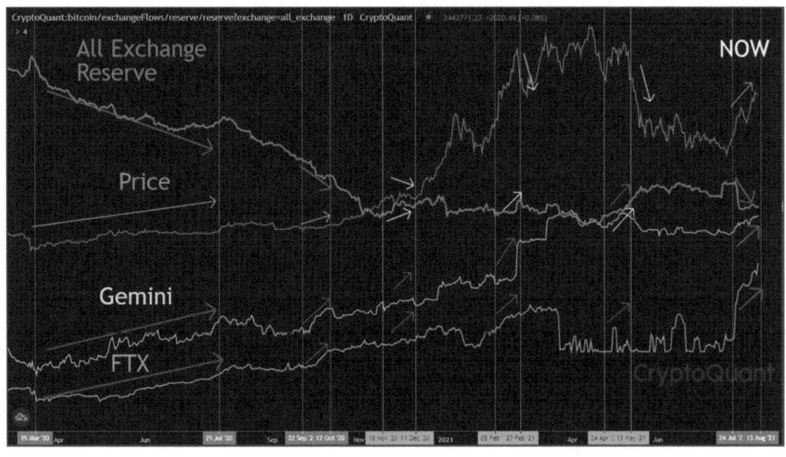

크립토퀀트(Cryptoquant) 데이터

파란색 선 – 전체 거래소 비트코인 보유량(All Exchange Reserve)

노란색 선 – **제미니(Gemini) 거래소**

민트색 선 – **FTX 거래소**

주황색 선 – **비트코인 가격**

제미니(Gemini) 거래소와 FTX 거래소는 대량의 비트코인이 입금되는 경우가 자주 있는 큰 규모의 고래가 사용하는 거래소다. 하지만 해당 거래소의 입금량이 증가하여도, 전체 거래소 비트코인 보유량이 줄어든다면 가격은 하락하지 않고 상승하게 된다.

즉, 큰 규모의 비트코인이 거래소로 입금된다고 해서 무조건 가격이 하락한다고 단정할 순 없다는 것이다. 다양한 데이터를 종합적으로 분석할 필요가 있다는 것을 보여주는 좋은 예시다.

| 주의 |

해당 예시는 21년 8월에 분석한 내용이며, 책을 만들고 있는 시점에서는 FTX 거래소가 폐쇄되었다.

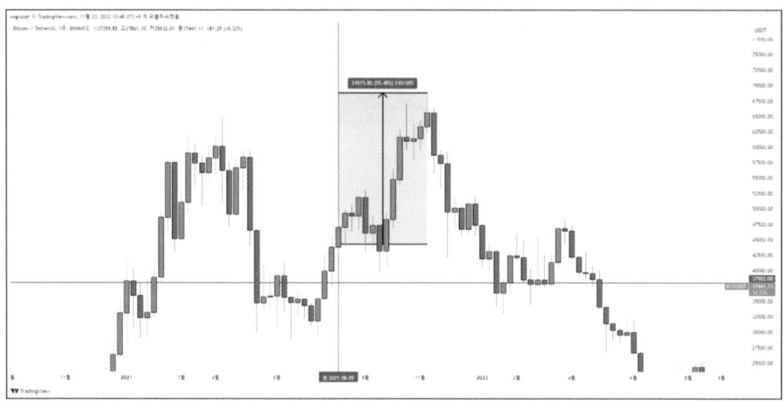

실제로 이후 55%의 가격 상승이 발생한 것을 확인할 수 있다.(NOW 구간)

예시 4

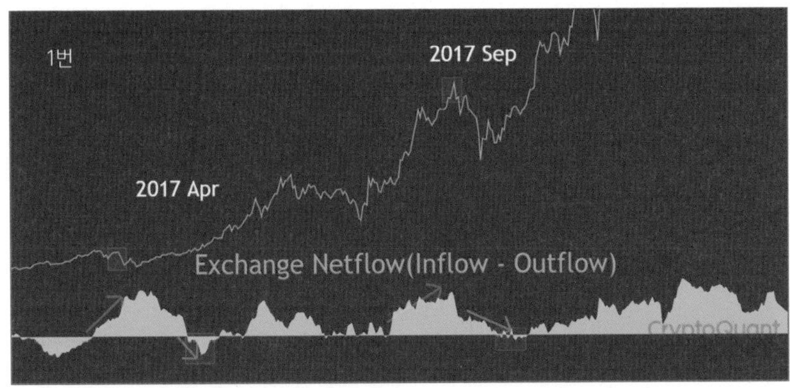
1번
2017 Sep
2017 Apr
Exchange Netflow(Inflow - Outflow)
CryptoQuant

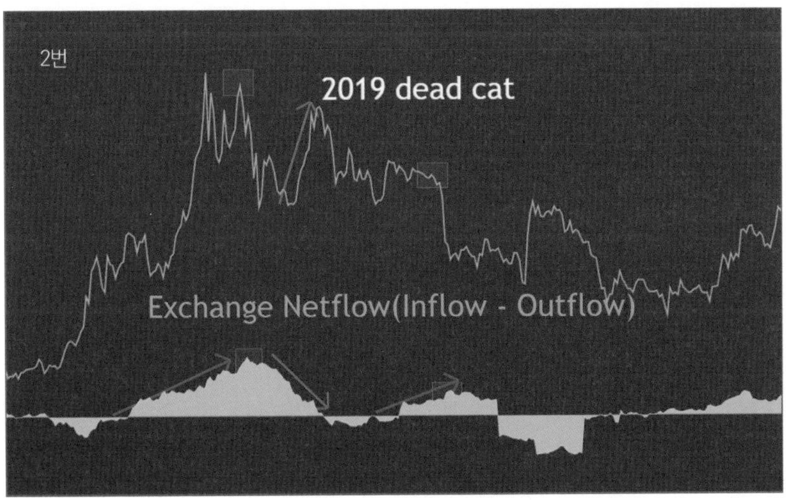
2번
2019 dead cat
Exchange Netflow(Inflow - Outflow)

크립토퀀트(Cryptoquant) 데이터

2017년(1번 사진), 2019년(2번 사진) 구간에서 거래소 순 입출금량(Exchange Netflow) 데이터를 확인해보자.

순 입출금량이 증가하면 가격이 하락하고 줄어들면 가격이 상승하는 것을 볼 수 있다. 2021년(3번 사진) 구간도 유사한 패턴이 반복되고 있기 때문에 이 분석을 활용하여 투자에 접목할 수 있다.

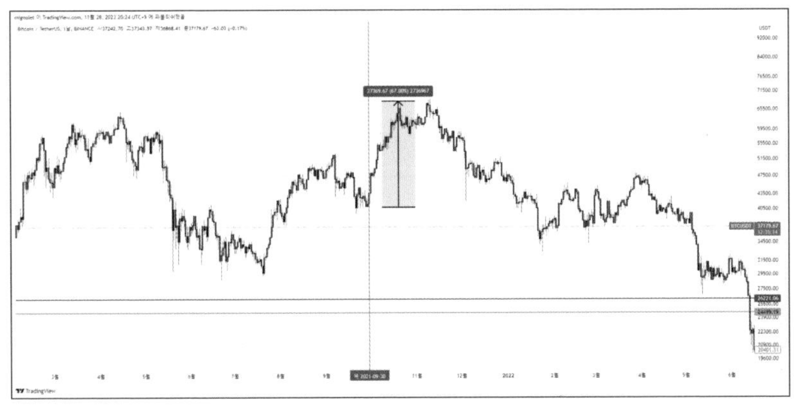

실제로 이후 67%의 가격 상승이 발생한 것을 확인할 수 있다.

예시 5

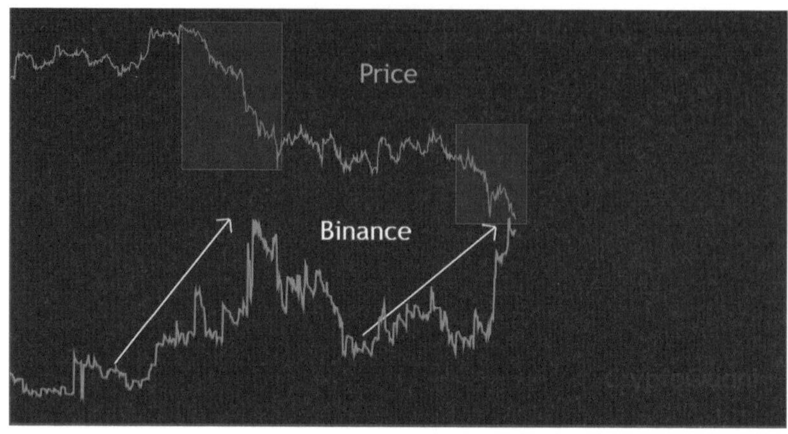

바이낸스 거래소로 입금되는 비트코인이 증가하자 가격이 하락하고 있다. 그렇기 때문에 가격 하락은 지속될 것이라고 분석할 수 있다.

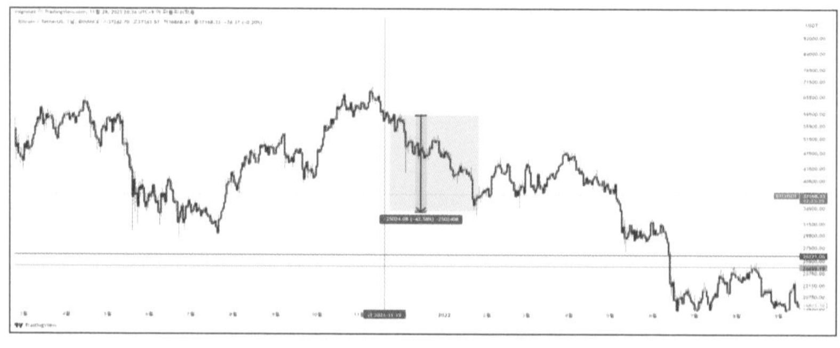

실제로 2달 동안 40% 이상 하락한 것을 확인할 수 있다.

예시 6

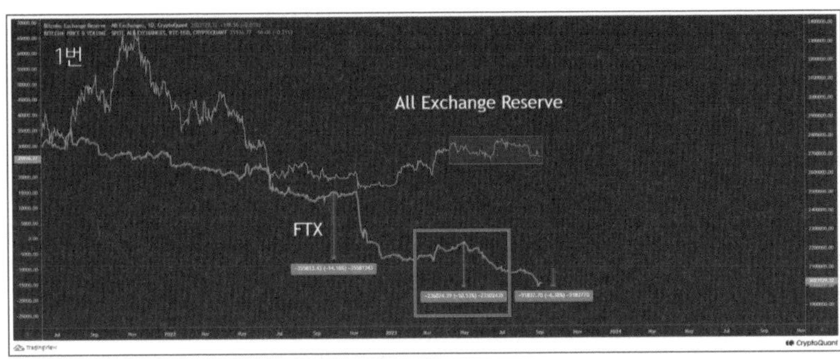

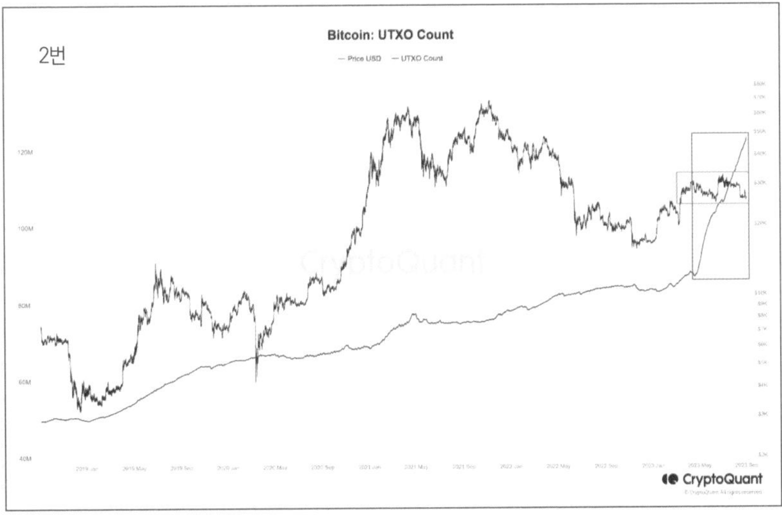

크립토퀀트(Cryptoquant) 데이터

비트코인 가격은 5개월 이상 큰 변동성 없이 횡보하고 있다. 하지만 1번 사진이 전체 거래소 비트코인(All Exchange Reserve)은 약 23만 개가

출금되었고(빨간색 박스), 2번 사진의 비트코인 UTXO Count는 급등하고 있다.(빨간색 박스)

가격 움직임은 조용하지만, 온체인 데이터 흔적은 활발하게 나타나고 있다. 이러한 움직임을 만들 수 있는 주체는 고래(기관)밖에 없다. 즉, 가격 횡보 구간에서 큰 움직임이 나타나고 있다는 것은 장외(OTC) 거래의 가능성을 생각해 볼 수 있다. 그렇기 때문에 추가 하락이 아니라 가격 횡보 후 큰 상승 가능성을 생각해 볼 수 있다.

실제로 이후 추가 하락 없이, 48% 가격 상승이 나타났다.

2.

기간, 개수 분류에 따른 고래의 움직임 활용하기

예시 1

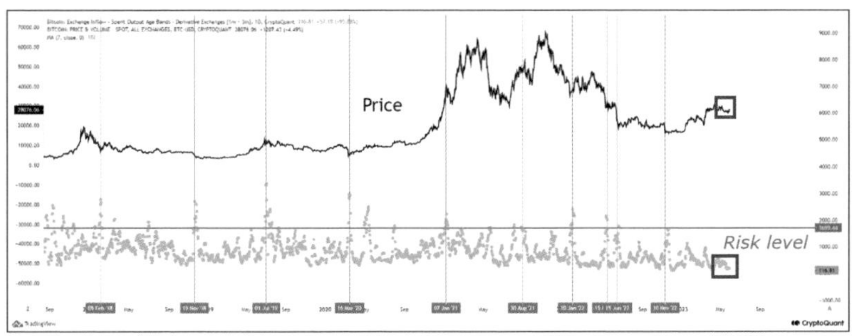

크립토퀀트(Cryptoquant) 데이터

거래소 입금량 – 사용된 UTXO 생존 기간별 분포(Spent Output Age Bands) 데이터에 필자가 7일 이동 평균선을 활용하여 만든 데이터다. 구체적으로 1~3개월 기간 보유자의 비트코인이 선물 거래소로 입금되는 흐적을 나타내고 있다.

설정해 놓은 Risk level(위험 구간)에 도달했을 때 추세 관점에서 큰 하락이 나타나고 있다고 분석할 수 있다. 하지만 파란색 박스 구간을 봤을 때, 가격이 충분히 오른 뒤 횡보하고 있지만, Risk level(위험 구간)에 도달하지 않고 있다는 것을 알 수 있다. 이 때문에 하락보다 상승 가능성이 높다고 추정해볼 수 있다.

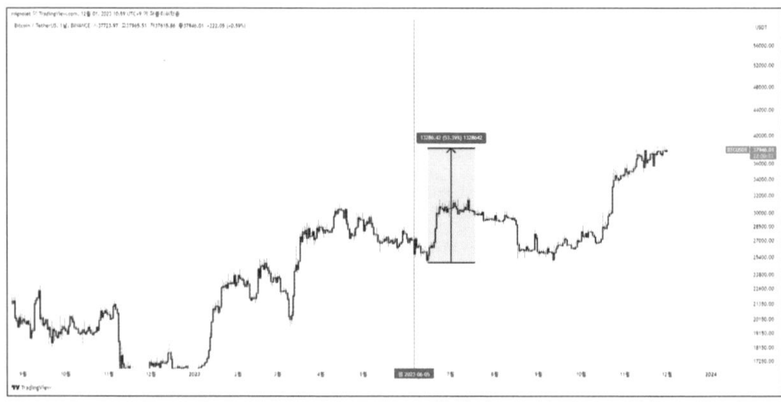

이후 횡보 기간이 있었지만, 추가 하락 없이 53% 상승한 것을 확인할 수 있다.

예시 2

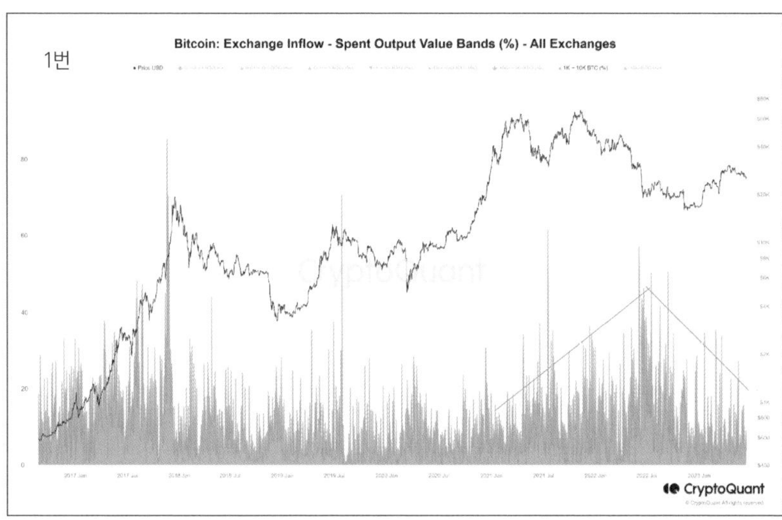
Bitcoin: Exchange Inflow - Spent Output Value Bands (%) - All Exchanges
1번
CryptoQuant

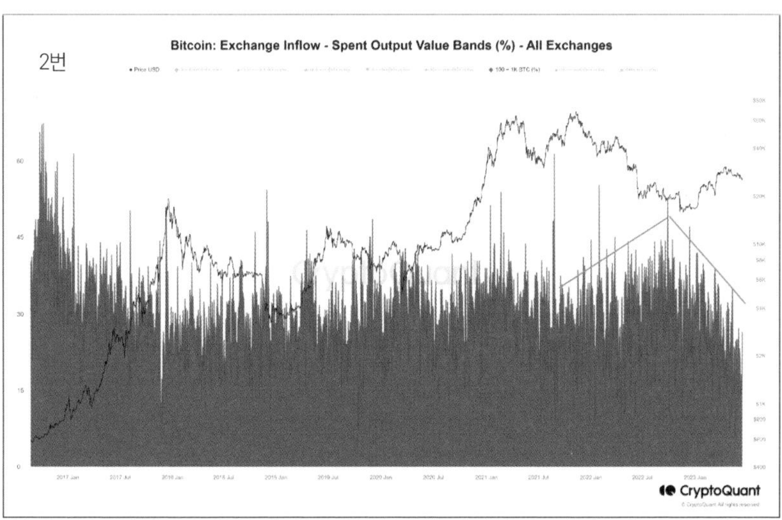
Bitcoin: Exchange Inflow - Spent Output Value Bands (%) - All Exchanges
2번
CryptoQuant

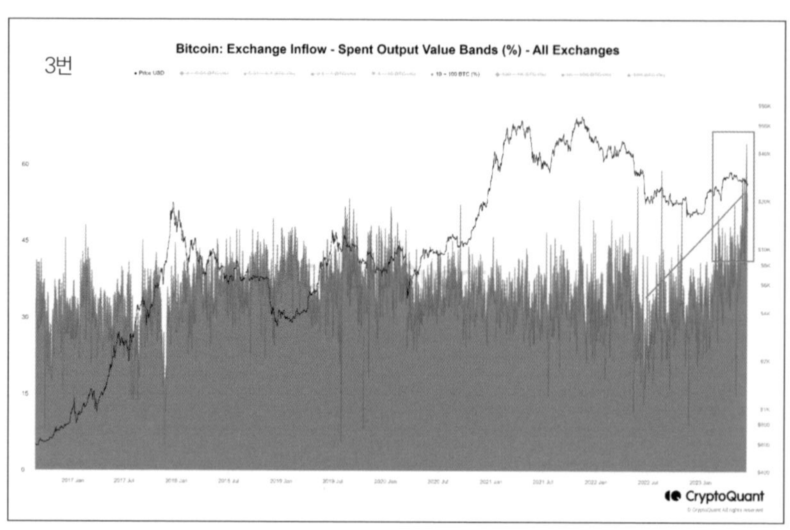

크립토퀀트(Cryptoquant) 데이터

1번 사진 – 1,000개~10,000개 비트코인 분포 비율

2번 사진 – 100개~1,000개 비트코인 분포 비율

3번 사진 – 10개~100개 비트코인 분포 비율

21~22년 하락장은 100개~1,000개(2번 사진), 1,000개~10,000개(1번 사진) 분포 비율의 증가와 함께 진행되었다.(파란색 선)

하지만 현재 100개~1,000개, 1,000개~10,000개 분포는 줄어들고,(초록색 선) 10개~100개 분포는 증가하고 있다. 즉, 상대적으로 판매 압력이 낮은 분포 비율 데이터가 증가하고 있다.(파란색 선)

매도 압력이 약하기 때문에 가격 하락보다는 횡보 혹은 가격 상승 가능성이 높다고 분석할 수 있다.

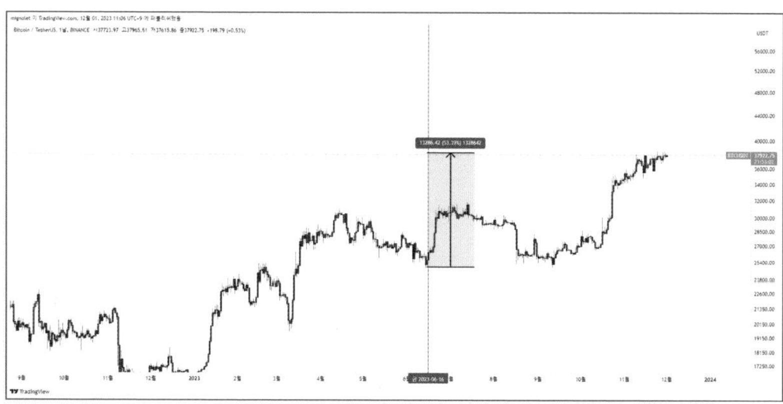

가격 횡보 기간이 길었지만 추가 하락 없이 상승한 것을 확인할 수 있다.

예시 3

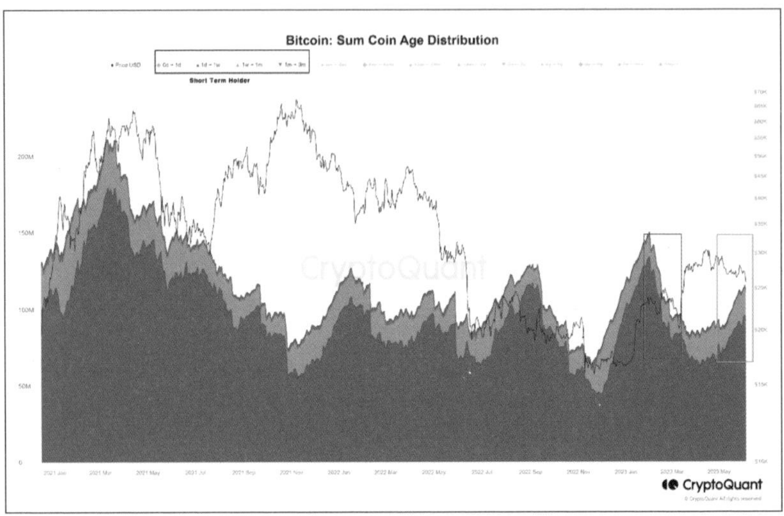

크립토퀀트(Cryptoquant) 데이터

코인 생존 기간 합 분포(Sum coin Age Distribution)는 블록체인상에 존재하는 전체 코인의 생존 기간의 합을 생존 기간의 범위에 따라 나누어 분포를 볼 수 있게 한 데이터다.

생존 기간이란?

구매자가 거래를 통해 코인을 받은 이후, 그 시점부터 계속 코인을 거래하지 않고 자신의 지갑에 보유하고 있었던 기간을 의미한다.

예시 3 사진에서는 3개월 미만의 단기 보유자들의 움직임을 나타내고 있다. 빨간색 박스에서는 보유하고 있던 비트코인이 줄어들고 있다. 데이터를 보면 비트코인의 가격 상승 이후, 단기 보유자들이 코인을 매도했다는 것을 알 수 있다.

하지만 초록색 박스에서는 가격은 하락하지만 더 이상 판매하지 않아, 오히려 보유 및 매수하고 있는 비트코인이 증가하고 있다. 빨간색 박스 구간에서 이미 판매했기 때문에, 초록색 박스에서는 강한 하락보다는 새로운 전략을 위한 매수 가능성이 높다.

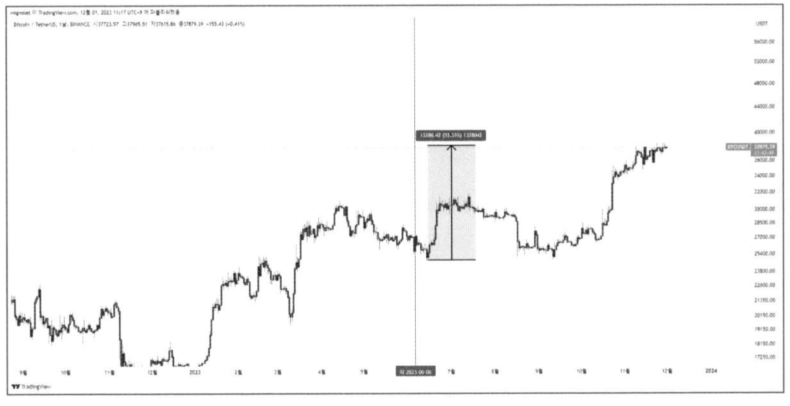

이후 횡보 기간이 있었지만, 추가 하락 없이 53% 상승한 것을 확인할 수 있다.

예시 4

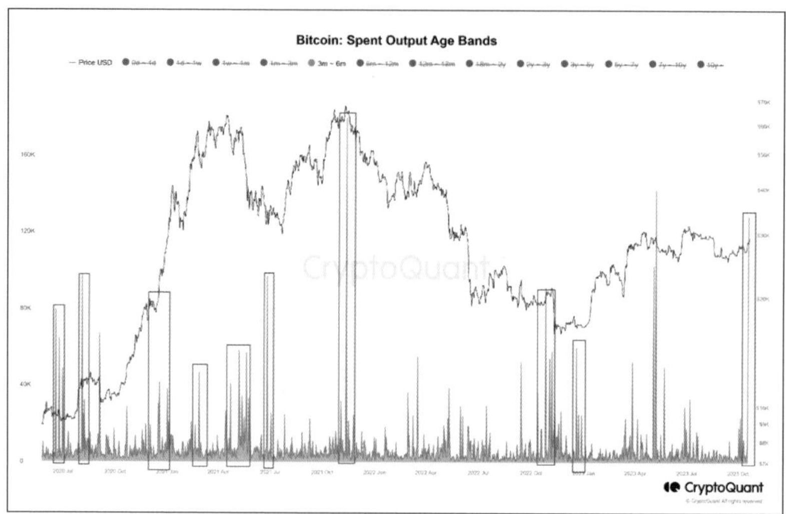

크립토퀀트(Cryptoquant) 데이터

사용된 UTXO 생존 기간 분포(Spent Output Age Bands)의 3~6개월 데이터는 가격의 상승, 하락 관점에서 참고하는 것이 아닌 변동성이 나타날 수 있다는 관점에서 참고할 수 있다. 3~6개월 비트코인 보유자 데이터에서 큰 움직임이 나타나면, 가격 변동성이 크게 나타난다.

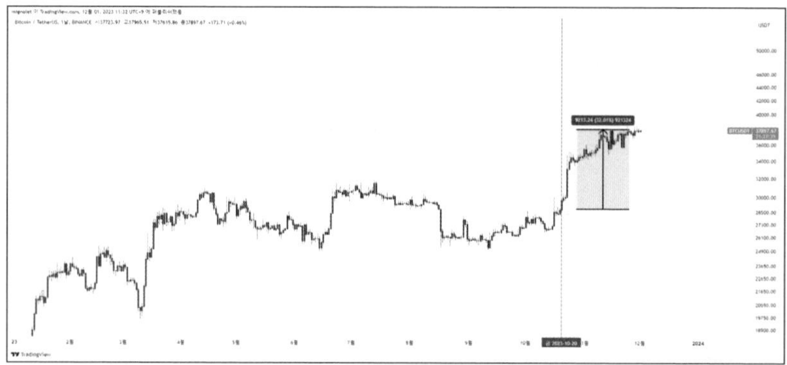

실제로 흔적이 나타난 뒤 얼마 지나지 않아, 큰 상승 변동성이 나타난 것을 확인할 수 있다.

예시 5

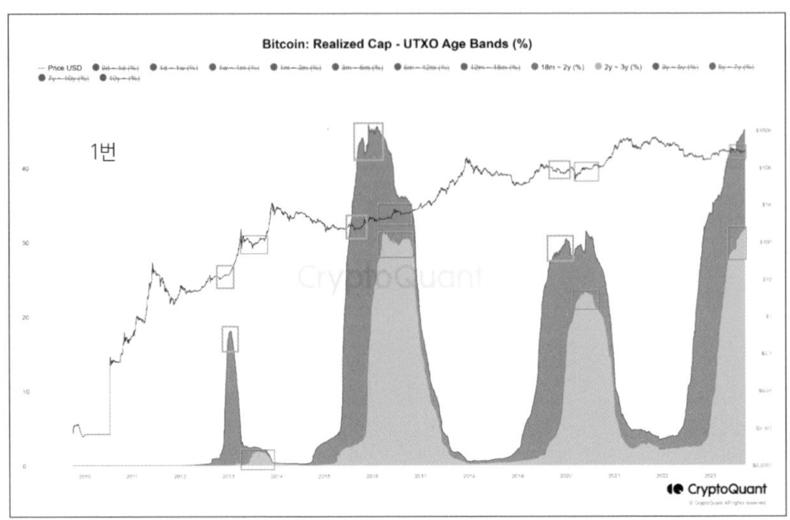

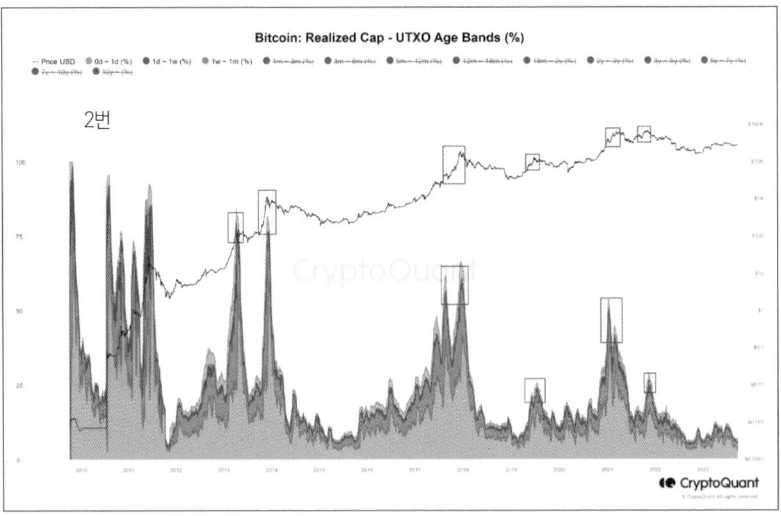

크립토퀀트(Cryptoquant) 데이터

1번 사진 – 18개월~2년, 2년~3년

2번 사진 – ~1일, 1일~1주, 1주~1개월

실현 시가 총액 – UTXO 생존 기간별 분포(%) 데이터에서 18개월~2년, 2년~3년 비트코인 보유자 비율이 높아지면 가격이 바닥에 가까워진다.

1) 18개월~2년 비트코인 보유자 비율이 정점이 되는 시기가 가격 바닥 구간에 도달한 이후 초기 구간이다.(분홍색 박스)

2) 2~3년 비트코인 보유자 비율이 정점이 되는 시점(초록색 박스)은 가격 바닥 이후, 가격 상승이 가속화되기 직전의 횡보 구간이다.

1일, 1일~1주, 1주~1개월은 반대 상황으로 분석하고 대응할 수 있다. 가격이 급격하게 상승하는 시기가 되면 당연히 시장의 관심이 증가하고 신규 투자자가 늘어난다.

1일, 1일~1주, 1주~1개월 간의 비트코인 보유자 비율이 높아지면, 가격의 고점 신호로 해석될 수 있다(빨간색 박스). 아직 이러한 흔적은 없기 때문에 가격 하락보다는 추가 상승을 예상해 볼 수 있다.

실현 시가 총액(Realized Cap)이란?

지갑에 보관되어 있던 비트코인(수량)을 마지막으로 움직였던 시점의 가격과 곱한 뒤 합산한 값. 구체적으로 생존 기간, 생존 가치로 범주화하여 실현 시가 총액의 가치를 활용할 수 있으며 '예시 5에서 설명하고 있는 실현 시가 총액 – UTXO 생존 기간별 분포(Realized Cap – UTXO Age Bands) 비율' 데이터가 대표적 예시가 될 수 있다.

예시 6

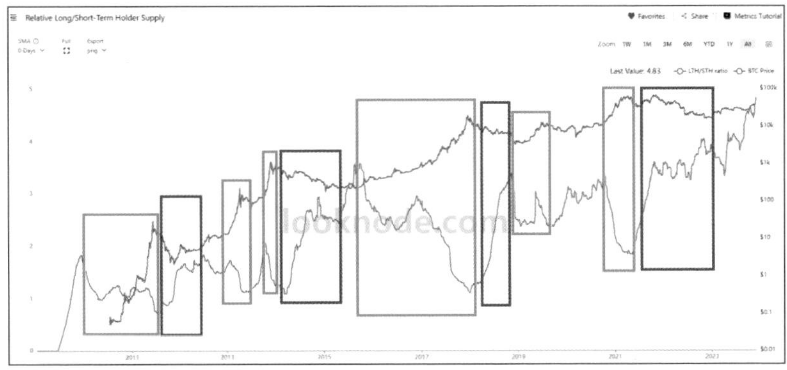

looknode 데이터

장기적 관점에서 비트코인의 가격 하락과 상승을 확인할 수 있는 매우 유용한 데이터다.

Relative Long/Short – Term Holder Supply는 장기 보유자 공급량을 단기 보유자 공급량으로 나눈 데이터다.

초록색 구간 – **가격 상승**

빨간색 구간 – 가격 하락

초록색 구간**은 가격이 상승하면 시장에 관심이 생기고 단기 보유자(신규 투자자)의 유입(매수)이 발생한다. 이후 수익 구간에 도달하면, 장기 보**

유자들이 단기 보유자(신규 투자자)들에게 비트코인을 판매하기 때문에 자연스럽게 데이터(Relative Long/Short – Term Holder Supply)는 하락하게 된다.

빨간색 구간은 반대 상황이 된다. 가격이 하락하면 시장에 관심이 사라지게 되고 단기 보유자(신규 투자자)는 줄어들고, 자연스럽게 장기 보유자들이 증가하게 되면서 데이터(Relative Long/Short – Term Holder Supply)는 상승하게 된다.

역사적으로 반복되고 있기 때문에 이 데이터는 사이클 관점에서 매우 중요한 데이터다.

3.

고래도 개미처럼 물릴 수 있다

수익/손실 온체인 데이터 활용하기

예시 1

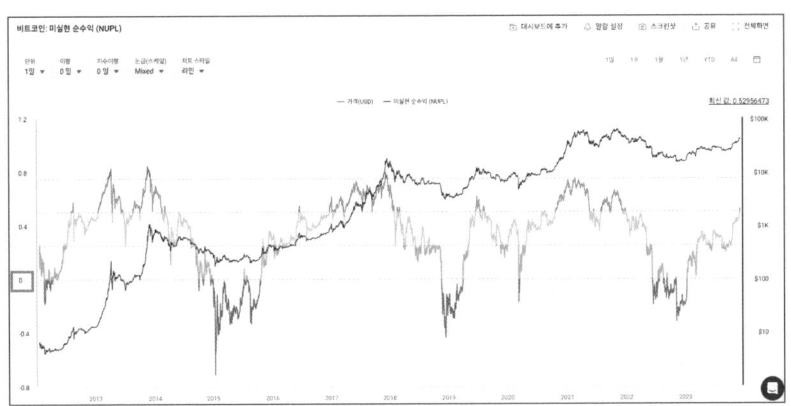

크립토퀀트(Cryptoquant) 데이터

미실현 순수익 데이터(Net Unrealized Profit/Loss)는 전체 비트코인 투자자들의 투자 실적을 합산했을 때, 이곳이 수익 구간인지 손실 구간인지를 나타낸다. 산출 기준은 전체 시가 총액과 실현 시가 총액의 차이 값을 시가 총액으로 나눴을 때 나타나는 값이다.

미실현 순수익(NUPL) = 전체 시가 총액 – 실현 시가 총액 / 전체 시가 총액

데이터가 0보다 높을 때는 수익 구간에 있는 비트코인이 많아졌다는 뜻이다. 즉, 데이터가 높아질수록 투자자들이 코인을 매도할 가능성이 높아진다.

반대로 데이터가 0보다 낮을 때는 손실 구간에 있는 비트코인이 많아졌다는 뜻이다. 이 상황에서는 상대적으로 코인의 가격 바닥 가능성이 높아지기 때문에, 0을 기준으로 실전 투자에 접목할 수 있다.

전체 시가 총액이란?

전체 시가 총액은 비트코인 전체 수량을 가격으로 곱한 값이다.

예시 2

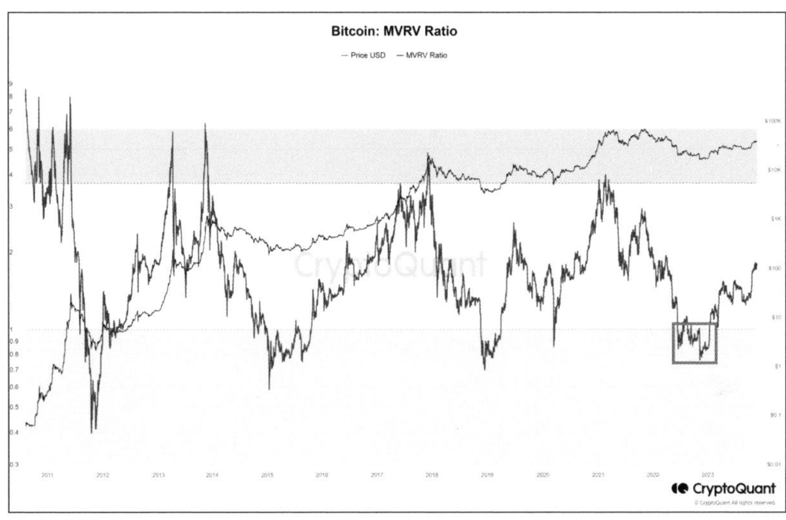

크립토퀀트(Cryptoquant) 데이터

MVRV Ratio는 코인의 전체 시가 총액을 실현 시가 총액(Realized Cap)으로 나눈 값으로, 현재 코인 가격이 고평가 혹은 저평가 되어 있는지를 나타내준다.

MVRV Ratio = 전체 시가 총액 / 실현 시가 총액

데이터가 1보다 낮은 경우(초록색 구간), 비트코인 가격이 바닥에 도달했다고 볼 수 있다. 반대로 데이터가 3.7 이상일 경우(빨간색 구간), 비트

코인 가격이 고점에 이르렀다고 볼 수 있다.

22년 말, 코인 가격이 다시 1보다 낮은 구간을 터치했기 때문에, 가격 바닥에 도달했다고 볼 수 있다.(주황색 박스) 이후 MVRV Ratio가 빨간색 구간에 도달하기 전까지 가격이 계속해서 상승할 수 있다고 분석하고 실전 투자에 접목할 수 있다.

예시 3

looknode 데이터

실현 이익/손실 비율(Realized Profit/Loss Ratio)은 예시 1에서 설명한 미실현 데이터와 달리, 이미 수익 실현을 한 상황을 알려주는 데이터다.

특정 기간과 가격대에서 코인을 거래한 투자자 중, 수익을 보고 판매를 한 투자자가 많다면 1보다 높은 빨간색으로 표시되고, 손해를 보고 판매한 투자자가 많다면 1보다 낮은 초록색으로 표시된다.

실현 이익/손실 비율(Realized Profit/Loss Ratio)을 사진과 같이 14일 이동 평균선으로 설정하고 보면 실전 투자에 큰 도움이 된다.

1보다 높아지는 구간이라면 많은 투자자가 수익을 보고 판매했다고 볼 수 있다. 그렇기 때문에, 시장에 과열이 발생하고 있다고 분석하고, 가격

하락 가능성을 생각해 볼 수 있다. 반대로 1 아래로 내려가면 많은 투자자가 손실을 보고 팔고 있기 때문에, 가격 바닥 가능성이 높다고 볼 수 있다.

미실현 데이터와 달리 이미 매도를 한 상황을 반영하고 있기 때문에, 현재 가격대의 심리 상태가 더욱 명확하게 표현되고 있다. 그렇기 때문에 필자는 실현 이익/손실 비율 데이터를 실전 투자에서 자주 사용한다.

4.

그 밖에 다양한 온체인 데이터

예시 1

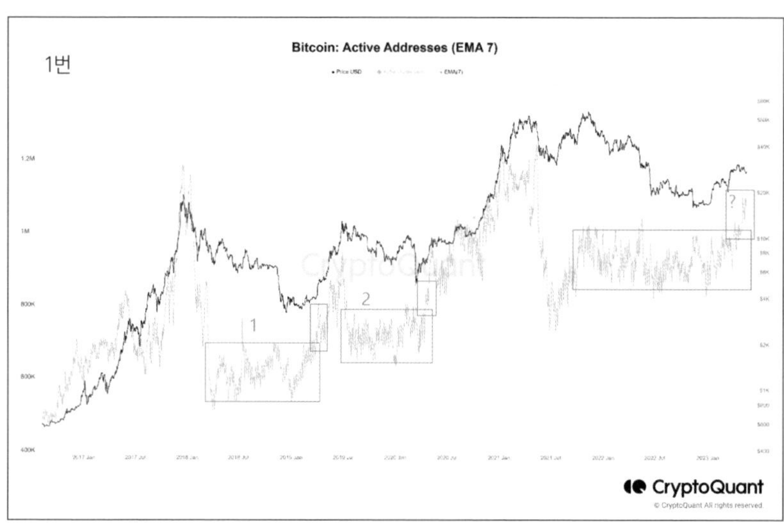

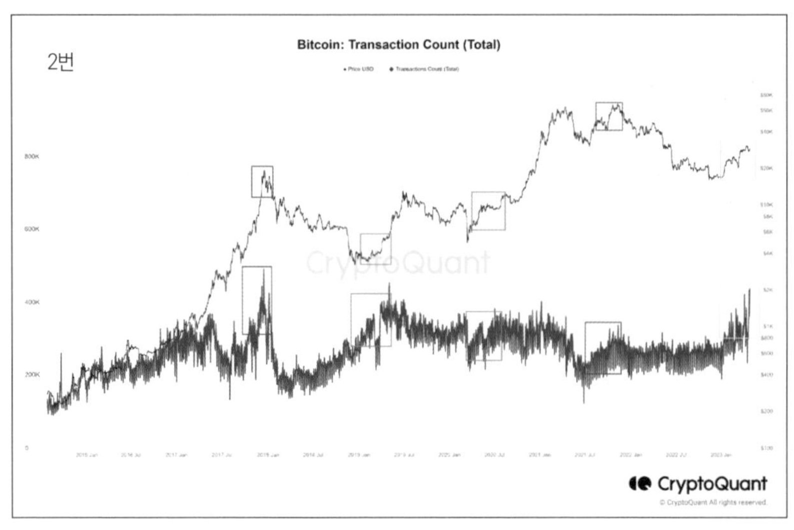
2번
Bitcoin: Transaction Count (Total)
Price USD
Transactions Count (Total)
800K
600K
400K
200K
0
CryptoQuant
© CryptoQuant All rights reserved.

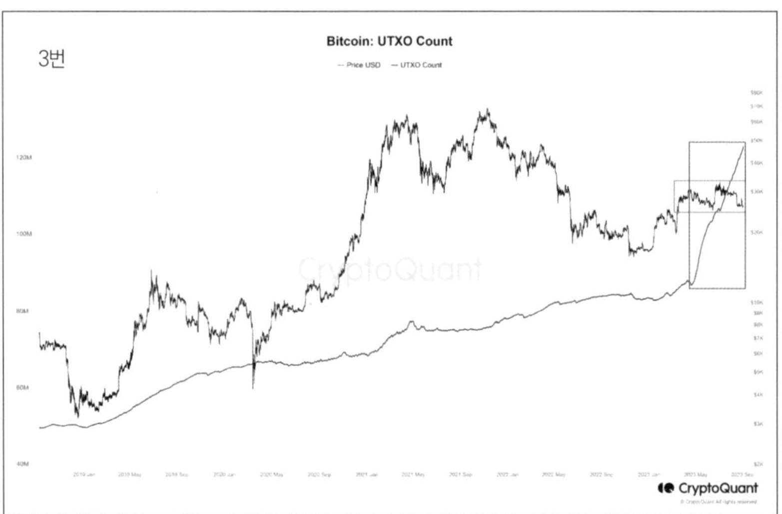
3번
Bitcoin: UTXO Count
Price USD
UTXO Count
120M
100M
80M
60M
40M
CryptoQuant

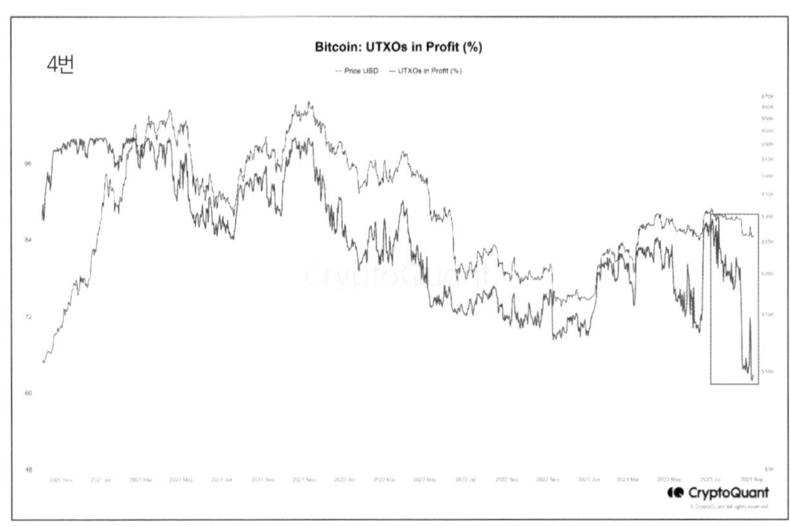

크립토퀀트(Cryptoquant) 데이터

1번 사진 – 비트코인 활성 주소 수(Active Addresses)

2번 사진 – 비트코인 트랜잭션 카운트 수(Transaction Count)

3번 사진 – UTXO Count

4번 사진 – 수익권 UTXO **비율**(UTXOs in Profit)(%)

해당 데이터들은 개별적으로도 분석할 수 있다. 하지만 4개의 데이터를 종합적으로 봐야 실전 투자에 도움이 되고 분석에 신뢰도를 높일 수 있다.

1번 사진은 온체인 상에서 움직이고 있는 활성 주소 수가 하락장 시기에 박스권(파란색 박스)에서 움직이다가 돌파하게 된다.(초록색 박스)

2번 사진의 온체인 트랜잭션 카운트 수가 우상향하고 있다.(노란색 박스)

3번 사진의 UTXO Count(거래 횟수)가 급격히 증가하고 있다.(빨간색 박스)

비트코인 가격은 정말 답답하게 움직이고 있지만, 반대로 온체인 데이터 움직임은 매우 활발하다는 것을 알 수 있다. 즉 장외에서 숨은 움직임이 활발하게 이뤄지고 있다는 것을 알 수 있는데, 이러한 움직임을 만들 수 있는 주체는 고래라고 볼 수 있다.

4번 사진의 수익권 UTXO 비율을 주목해 볼 수 있다. 가격은 단기적으로 하락했지만, 여전히 횡보 구간이다. 그런데 수익권 UTXO 비율은 급격히 떨어지는 상황이다.(빨간색 박스)

1~3번 사진 데이터를 근거로 장외에서 숨은 거래가 많았기 때문에, 가격이 횡보 움직임을 보여도 수익권 UTXO 비율은 이전 구간보다 크게 하락하고 있는 현상이 나타난다. 장외에서 고래가 실제로 비트코인을 구매했다면, 횡보 구간에서 손실을 보고 있기 때문에 현재 가격 구간을 지킬 가능성이 높다.

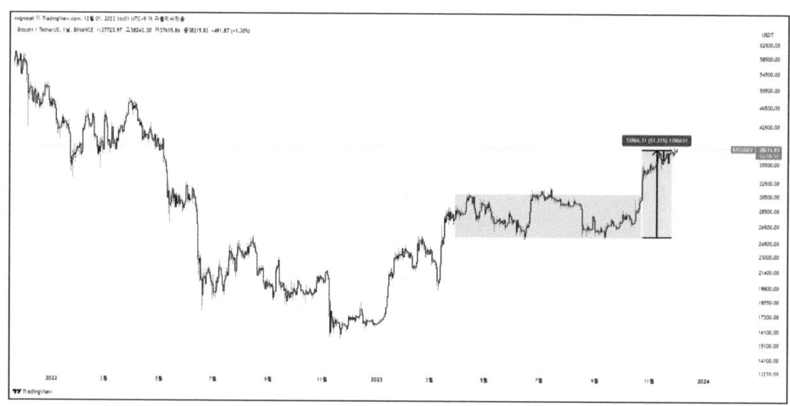

결론적으로 이 구간은 무너지지 않았으며, 이후에 추가 상승이 나타났다.

예시 2

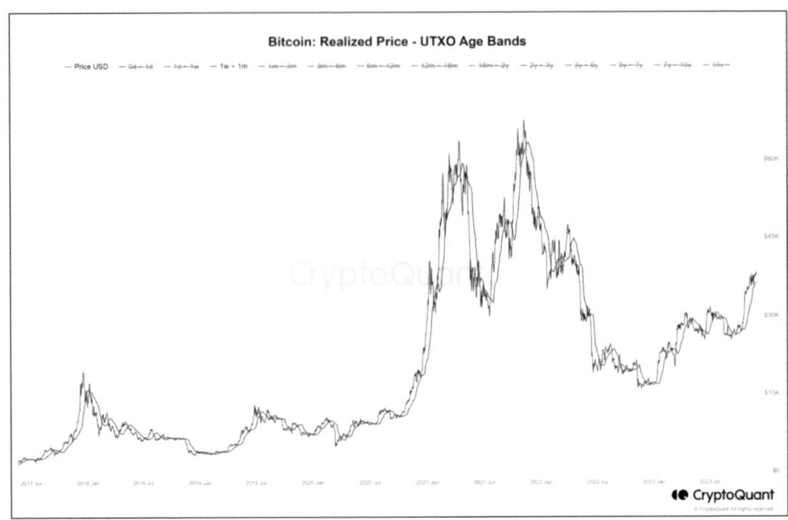

크립토퀀트(Cryptoquant) 데이터

기간별로 실현 가격을 분류한 데이터(Realized Price – UTXO Age Bands)이며, 사진은 1주~1개월 실현 가격이다.

기간별 실현 가격 데이터는 지지, 저항 관점에서 활용할 수 있다. 1주~1개월 실현 가격이 저항선이 되었다가, 반대로 비트코인 가격을 돌파하면 지지선으로 바뀌게 된다. 이를 활용해서 실전 투자에 접목할 수 있다.

실현 가격(Realized Price)이란?

실현 시가 총액을 지금까지 발행된 비트코인 수량으로 나눈 값이다. 실현 시가 총액을 기간 범주로 계산했다면, 해당 기간 범주 코인의 평균 단가를 알 수 있다.

위에서 설명하고 있는 'Realized Price – UTXO Age Bands'를 참고해 보자.

예시 3

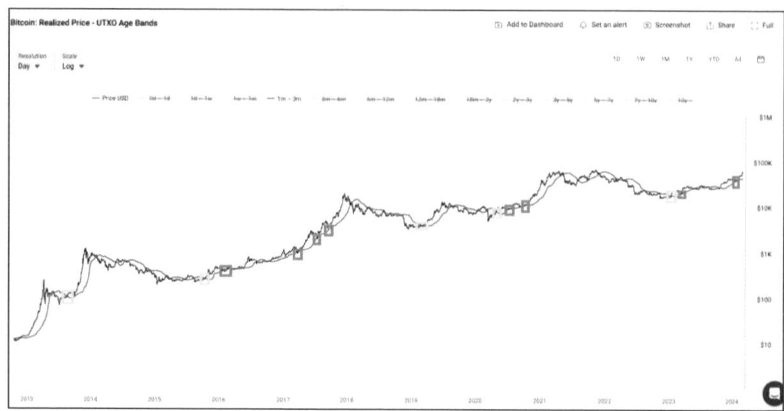

크립토퀀트(Cryptoquant) 데이터

1개월~3개월 실현 가격이다. 1주~1개월 실현 가격이 단기 분석에서 도움이 된다면 1~3개월 실현 가격은 중기, 장기 분석에 도움이 된다.

노란색 박스 – **돌파 이후 상승 추세 전환**

초록색 박스 – **상승 추세 전환 이후 지지선**

비트코인 가격이 실현 가격을 돌파하게 되면(노란색 박스) **1달 이상 추세가 이어지고, 저항선은 지지선으로 바뀌게 된다.**(초록색 박스)

지지, 저항이 명확하지는 않지만 빈번하게 저항을 받거나 지지를 받는 시기가 있다면, 고래가 개입하고 있다고 볼 수 있다.

5.

비트코인 채굴자 관련 데이터 활용하기

비트코인 가치는 채굴자와 밀접한 관계가 있다. 이번 챕터에서는 채굴자와 관련된 개념을 설명해보려 한다. 하지만 이 책의 목적은 개념적인 설명이 아닌 실전 투자를 위해 도움이 되는 내용을 전달하는 게 목적이기에 원론적인 내용보다는 실전 투자 측면에서 적용될 수 있는 부분만을 설명하는 데 집중하려 한다.

비트코인의 가격 상승 원인 중 하나는 결국 비트코인의 공급량이 한정돼 있다는 데에 있다. 비트코인을 채굴하고 채굴자가 늘어나면 경쟁이 심화되며, 이 때문에 생산 단가가 높아져 가격이 상승하게 된다. 따라서 채굴자와 비트코인 가격은 밀접한 관계가 있다. 이제 채굴자와 비트코인 가격의 상관관계에 대해서 알아보고 실전에서 어떻게 활용할 수 있는지 살펴보자.

1) 채굴자 포지션 지표(Miners Position Index)

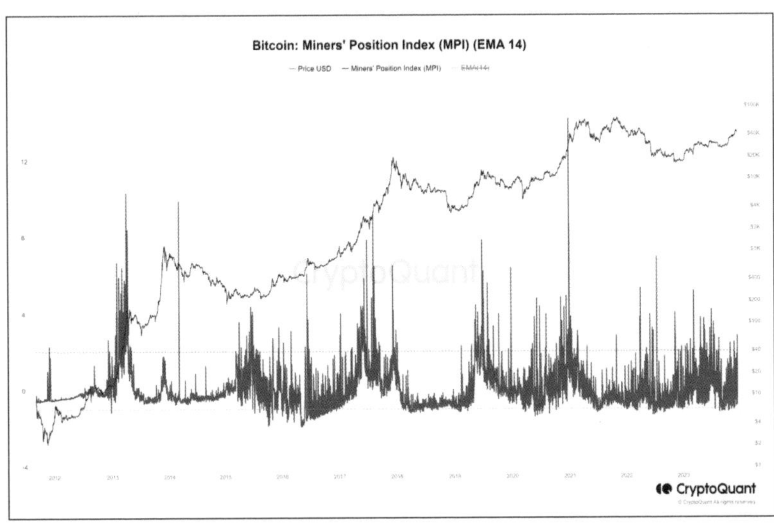

크립토퀀트(Cryptoquant) 데이터

1장에서 잠시 다뤘지만, 채굴자 포지션 지표(Miners Position Index)가 높아지면 채굴자들이 평소보다 많은 비트코인을 출금하고 있다고 볼 수 있다. 이후, 이들이 비트코인 판매를 하게 된다면 가격 하락 가능성이 높아진다.

크립토퀀트(Cryptoquant) 데이터

채굴자 포지션 지표(Miners Position Index)에 14일 이동 평균선을 활용하면, 2가지 부분을 참고할 수 있다.

1. 채굴자 포지션 지표(Miners Position Index)가 상승한다는 건 단기적으로 판매 가능성이 커진다는 지표로 볼 수 있다. 하지만 채굴자가 결국 코인을 출금하여 판매한다는 건, 이미 가격이 상승세에 올랐기 때문에 이익 실현을 위해 출금하고 있는 상황이라고 해석할 수 있다. 즉, 단기적으로 가격이 하락할 수 있겠지만, 결국 채굴자 포지션 지표 상승과 함께 가격 또한 상승하게 된다.

2. 채굴자 포지션 지표(Miners Position Index)가 상대적으로 낮으면 채굴자가 판매할 구간이 아니라고 판단하여 코인을 거래하지 않는다는 것이다. 이 때문에 지표의 움직임이 없고, 가격은 약세 구간에 진입한다.

여기서 0 이하의 초록색 선은 가격 바닥 가능성이 높다는 것이고, 2 이상의 빨간색 선은 가격 고점 가능성이 높다는 것이다.

2) 비트코인 생산 비용 지표(bitcoin production cost)

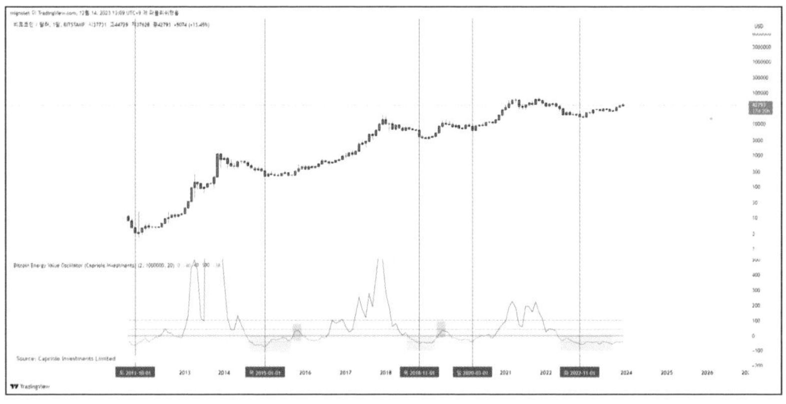

Capriole 데이터

비트코인 생산 비용 지표(bitcoin production cost)에 보조 지표(oscillator)를 활용하여 만든 데이터

비트코인을 생산하는 단가를 계산해서 빨간색 선으로 전환되면 수익, 초록색 선으로 전환되면 손실을 보게 되고 채굴자들이 상대적으로 힘든

구간이 된다.

채굴자와 비트코인 가격 상관관계는 생산 비용(bitcoin production cost) 데이터를 보면 명확하게 알 수 있다. 가격 고점은 명확하게 알 수 없지만, 적어도 가격 바닥을 보면 채굴자들이 굉장히 힘들어하는 구간과 일치한다는 것을 알 수 있다.(파란색 선)

여기서 가격이 더 내려가게 되면 채굴 회사들의 존폐를 생각해야 하므로, 이는 강한 지지 레벨이 될 수 있다.

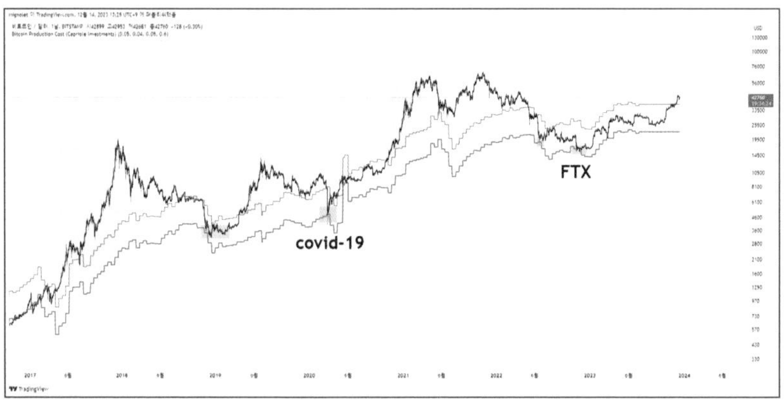

Capriole 데이터

비트코인 생산 비용 지표(bitcoin production cost)를 두 개의 선으로 표시할 수 있다.

보라색 선은 모든 생산 비용을 감안했을 때 예상할 수 있는 가격, 빨간

색 선은 전기 비용 단가만 감안한 가격이다. 즉 빨간색 선 아래로 내려가면 전기료도 낼 수 없는 최악의 수익 구조 상태가 된다.

가격이 보라색 선을 돌파하면 이후 빠르게 상승하는 것을 알 수 있고(초록색 박스), 하락장 시기에도 최소한 최악의 상황인 빨간색 선 아래로는 하락하지 않고 있다는 것을 볼 수 있다.

무서웠던 COVID-19(코로나), FTX 사태에도 이 구간 아래로는 내려가지 않고 있다. 그만큼 채굴자와 비트코인 가격은 밀접한 상관관계가 있다는 것인데, 이를 통해 비트코인 생태계 자체가 건강하다는 것을 알 수 있다.

3) 비트코인 해시 리본(Hash Ribbons)

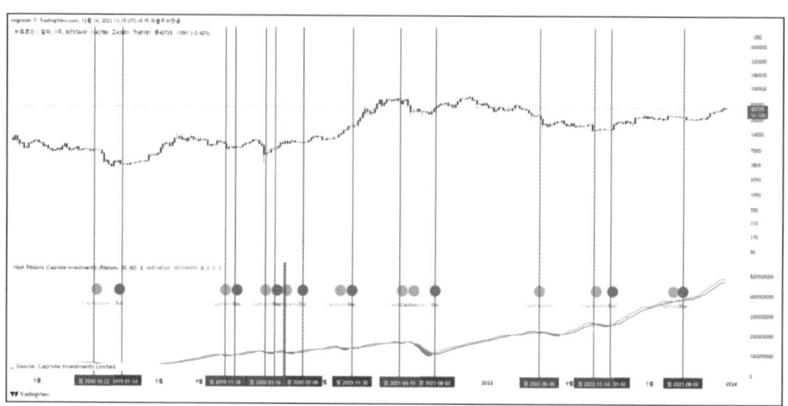

Capriole 데이터

실전 투자 관점에서 활용도가 높은 해시 리본(Hash Ribbons) 지표이며, 구체적으로 채산성과 연관이 있는 해시레이트 단위를 활용했다. 단기(30일), 장기(60일) 이동 평균선의 골든, 데드 크로스를 활용하여 분석에 접목할 수 있다.

Buy 시그널(파란색 선)이 나타나면 상승, Capitulation 시그널(빨간색 선)이 나타나면 하락 혹은 바닥이라고 생각하고 지표를 활용하면 된다.

위에서 채굴자와 비트코인 가격 상관관계가 높다는 것을 확인했다면, 해시 리본(Hash Ribbons) 지표의 신뢰도는 높아질 수밖에 없다.

Capitulation 신호는 후행적으로 발생해서 실전 투자에 도움이 되지 않을 때도 있다. 하지만 Buy 신호는 사진을 보면 단기 하락은 있었지만, 결국 가격 상승이 나타났다는 것을 알 수 있다. 그만큼 채굴자들의 움직임은 중요하다고 볼 수 있다.

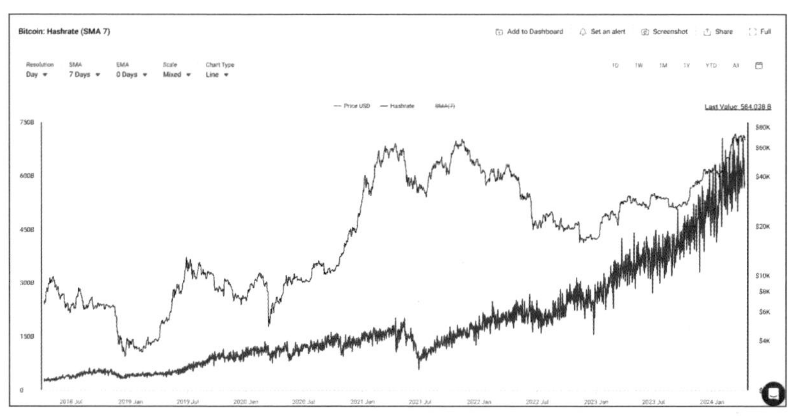

크립토퀀트(Cryptoquant) 데이터

비트코인 해시레이트란?

해시레이트는 비트코인 채굴 작업에서 처리 연산 속도를 측정하는 단위이다. 이는 채굴자들이 비트코인을 채굴하기 위해 투자하는 하드웨어(그래픽 카드)와 전력에 대한 지출 비율이라 해석할 수 있다. 해시레이트가 높아지면 비트코인 채굴자들이 비트코인 네트워크에 많이 참여하고 있다는 의미가 된다. 그만큼 비트코인 생태계가 건강하다는 근거이다. 경쟁이 치열해지면 질수록 가치는 높아질 수밖에 없다.

6.

초보 투자자가 반드시 알아야 할 주의 사항

온체인 데이터 투자 주의점

1장에서 온체인 데이터에 대한 개념과 반드시 알아야 하는 온체인 플랫폼 데이터들을 배웠다. 2장에서는 이러한 데이터를 실전에서 활용하는 방법을 배우고 있다. 하지만 투자에 도움이 되는 온체인 데이터에도 반드시 알아야 할 주의 사항이 있다.

1) 장기 추세 데이터는 세부적인 매수/매도 자리를 확인하는 실전 투자에 크게 도움이 되지 않는다.

추세 관점에서 가격의 고점/저점이 다가오고 있다는 정도로 파악하고, 다른 데이터와 종합적으로 파악하는 게 도움이 된다.

1-1) MVRV Ratio

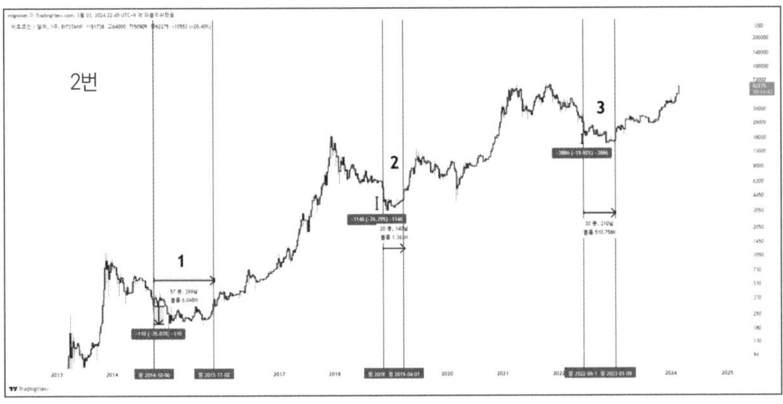

크립토퀀트(Cryptoquant) 데이터

MVRV Ratio는 역사적으로 가격 바닥과 고점을 100% 맞춘 매우 신뢰도 높은 데이터다. 하지만 MVRV Ratio가 1 아래(초록색 박스)로 내려갔

어도 추가 하락이 계속해서 진행된 경우가 많았다. 데이터를 보면 다시 가격이 회복되는 시간도 매우 오래 걸렸음을 알 수 있다.

1번: 35% 추가 하락 및 추세 전환이 되는 기간 399일

2번: 26% 추가 하락 및 추세 전환이 되는 기간 140일

3번: 19% 추가 하락 및 추세 전환이 되는 기간 210일

길게 보면 MVRV Ratio가 분명 도움이 될 수 있지만, 세부적으로 매수, 매도 전략을 진행해야 하는 상황에서는 큰 도움이 되지 않는다.(2번 사진)

1-2) 실현 시가 총액-UTXO 생존 기간별 분포(1주~1개월) 비율

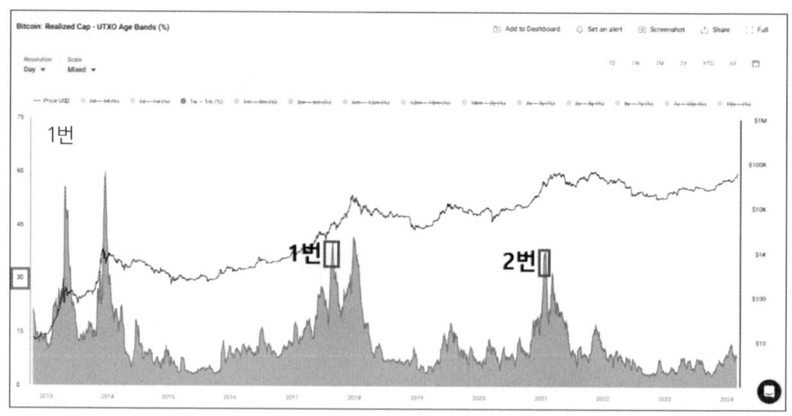

크립토퀀트(Cryptoquant) 데이터

실현 시가 총액–UTXO 생존 기간별 분포(Realized Cap–UTXO Age Bands) 1주~1개월 비율은 분명 가격 고점을 파악하는 데 도움이 된다. 하지만 이전 사이클마다 고점 비율은 달랐다.

30% 이상 올라가면,(주황색 박스) 이제 고점이 오고 있다는 정도로 파악할 수 있다. 빨간색 박스 기준(1번 사진)으로 1번은 309%, 2번은 96% 추가 상승했다.(2번 사진) 그렇기 때문에 데이터를 활용할 때 무조건 고점이라고 답을 내리게 되면 이러한 허점이 생길 수 있다.

1-3) 퓨엘 멀티플(Puell Multiple)

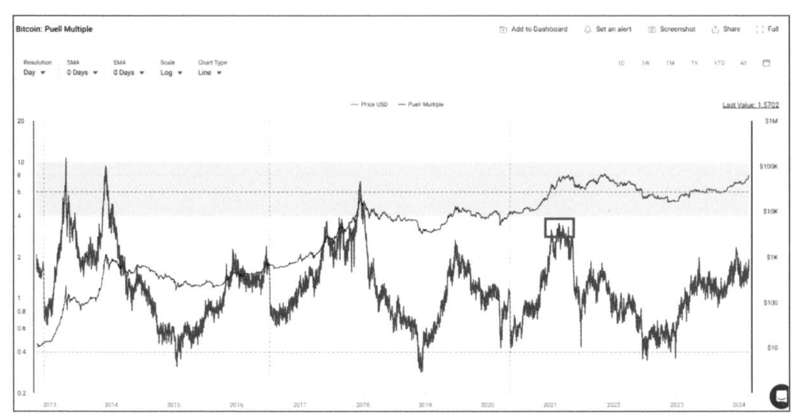

크립토퀀트(Cryptoquant) 데이터

퓨엘 멀티플(Puell Multiple) 데이터 또한 MVRV Ratio와 마찬가지다. 초록색 구간에 진입한 이후 분명 가격이 저점에 근접했지만, 추가 하락 폭이 너무 큰 데다가 다시 가격이 회복하는 시간 또한 매우 길었다.

또한 2021년 가격 고점은 처음으로 빨간색 구간까지 올라가지 못했다.

이 데이터를 당시 정답지처럼 사용했다면 계속해서 상승을 말할 수밖에 없지만 가격은 반대로 가게 될 것이다.

온체인 데이터를 공부하고 관심을 갖다 보면, 이러한 데이터 말고도 많은 사이클 데이터를 확인할 수 있다. 온체인 데이터는 분명 도움이 안 되는 건 아니지만 이러한 허점을 잘 확인하고 참고해야 실전 투자에 도움이 될 수 있다.

2) 장기 이동 평균선으로 설정한 온체인 데이터는 갑자기 변경되는 데이터의 변수를 확인하기 힘들다.

2-1) IFP(Inter-exchange Flow Pulse)

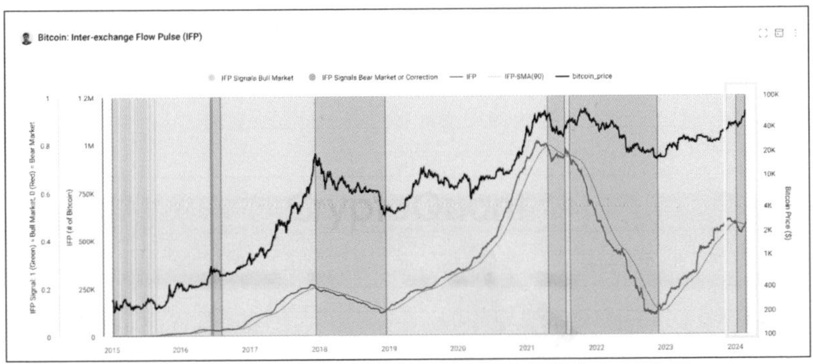

크립토퀀트(Cryptoquant) 데이터

크립토퀀트(Cryptoquant) 연구원 줄리오 모레노가 제작한 IFP(Inter-exchange Flow Pulse) 데이터다.

현물 거래소(코인 베이스)에서 선물 거래소로 이동되는 움직임을 설정한 뒤, 이동 평균선을 활용하여 데이터화했다.

90일 이동 평균선(점선)을 기준으로 골든 크로스(초록색 구간, 가격 상승), 데드 크로스(빨간색 구간, 가격 하락)로 가격 방향을 확인할 수 있다.

문제는 노란색 박스 구간이다. 데드 크로스(빨간색 구간) 이후 너무 늦게 골든 크로스(초록색 구간)로 전환되다 보니, 이미 가격은 폭발적으로 오른 뒤에 골든 크로스가 발생했다. 노란색 박스 구간은 실전 투자 관점에서 실효성이 떨어지게 된다. 이러한 허점이 발생한 원인은 너무 시간이 긴 이동 평균선이 설정되어 있기 때문이다.

2-2) Inter-exchange Flow(30일 이동 평균선)

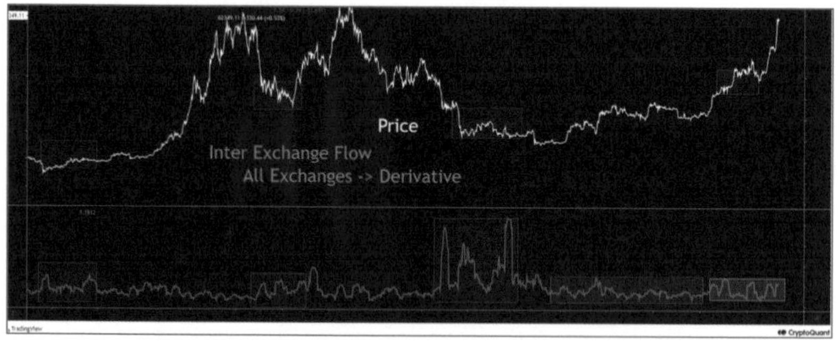

크립토퀀트(Cryptoquant) 데이터

같은 방식의 데이터이지만, 상대적으로 짧은 이동 평균선을 사용하여 데이터를 활용하면 단점을 보완할 수 있다.

해당 데이터는 필자가 만든 데이터다. IFP 데이터는 90일 기준이라면 필자가 설정한 데이터는 30일이다.

빨간색 박스 구간에서 이동되는 데이터가 급격히 줄어들고 있다가, 노란색 박스 구간에서 다시 증가한다. 만약 장기 이동 평균선을 사용했다면 갑자기 증가하는 움직임을 빨리 잡지 못했을 것이다.

시장이 천천히 움직일 때는 괜찮지만 시장 움직임이 가속화되는 구간에서는, 이미 가격이 출발한 뒤에 데이터는 추후에 이를 반영하게 된다.

이러한 부분을 정확하게 이해하면 다른 데이터를 활용할 때, 정답지처럼 활용하는 게 아니라 본인만의 분석 기준을 통해 데이터를 활용할 수 있게 된다. 그렇게 될 경우, 이러한 데이터의 약점을 미리 알고 대응할 수 있기 때문에 도움이 된다.

데이터가 이해가 안 된다면 1장의 2항 '반드시 알아야 하는 온체인 데이터 플랫폼'의 거래소 간 총 코인 이동량(Exchange to Exchange Flow)을 다시 읽어 보자.

3) 고래가 새로운 지갑을 빈번하게 사용할 때는, 입/출금 데이터의 신뢰도가 떨어지게 된다.

3-1) 전체 거래소 입금량(All Exchanges Inflow)

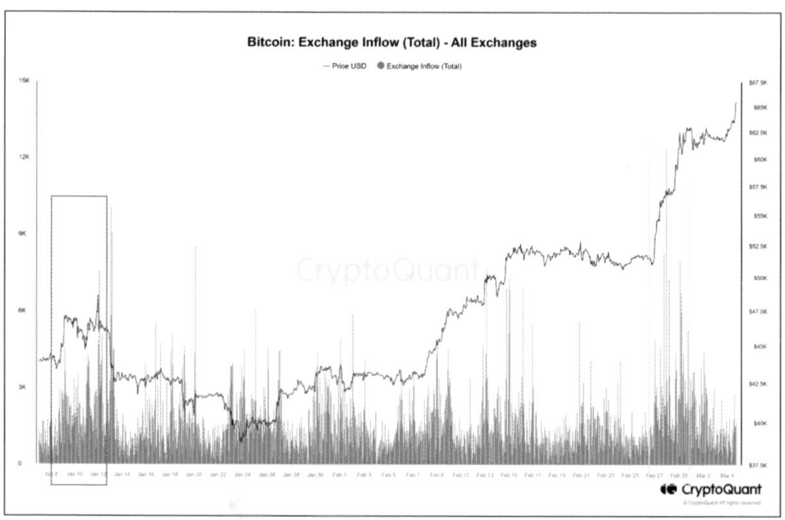

크립토퀀트(Cryptoquant) 데이터

전체 거래소 입금량(All Exchanges Inflow) 데이터이며, 빨간색 박스 구간과 노란색 박스 구간은 다르다. 빨간색 박스 구간에서는 실제로 개인(고래) 지갑에서 거래 목적으로 비트코인이 거래소로 입금되었다. 하지만 노란색 박스 구간에서는 입금 카운팅과 입금량은 많지만, 구체적으로 살펴보면 큰 규모 입금이 발생한 것은 거래소 내부 지갑의 움직임이 대부분이다.

당시 노란색 박스 구간에서 큰 규모로 입금된 대표적인 사례 3가지를 살펴보자.

내부 지갑의 움직임은 실거래가 아니라, 거래소가 보안을 목적으로 코인을 이동하는 경우가 대부분이다. 이 때문에 이러한 움직임은 가격에 영향을 미치지 않는다.

1) 27일 오후 6시경 5,000개가량의 비트코인 입금
2) 27일 오후 11시경 7,000개가량의 비트코인 입금
3) 28일 오전 4시경 4,000개가량의 비트코인 입금

1번과 2번은 실제로 모두 거래소 내부 지갑 이동을 나타낸 것이며, 3번은 개인 지갑에서 거래소로 입금된 게 아닌, 거래소 간 이동된 움직임이다.

만약 특정 시기에 새로운 지갑이 너무 많이 생성된다면, 어떤 목적의 지갑인지 판별하는 데 시간이 걸릴 수 있다. 그렇기 때문에 새로운 지갑에서 발생한 거래가 실제적으로 가격에 영향을 미치지 않는 거래소 지갑 간의 이동인지, 아니면 거래소 지갑이 아니라 정말로 투자자 지갑에서 거래소로 이동한 것인지, 이를 판별하기 위해선 조금 더 시간이 필요하다. 이러한 부분을 체크하지 못하면, 가격은 많이 올랐는데 입금량 또한 증가하고 있으니 가격 하락 가능성이 있다고 분석할 수 있다. 하지만 분석과 달리 가격이 상승하는 안타까운 상황이 발생하여 손실을 보게 된다.

이런 주의점을 통해 볼 때, 단순히 데이터를 정답지처럼 사용하는 것과, 이러한 약점을 알고 면밀하게 살피고 자신만의 기준을 새롭게 잡는 것은 완전히 다르다는 것을 알 수 있다. 여기서 분석의 디테일이 발생하는 것이며, 이를 통해 거래 성공 확률의 차이가 발생한다. 책을 읽고 나면 필자의 분석뿐만 아니라 다른 분석가들의 글도 참고하게 될 텐데, 이러한 부분을 알고 접근한다면 큰 도움이 될 수 있다.

3장

비트코인 고래들의 투자를 추적하는 다른 방법들

2장에서 온체인 데이터를 활용한 다양한 실전 투자 방법을 알아봤다. 3장에서는 온체인 데이터는 아니지만 고래들의 투자 흔적을 확인할 방법을 알아보고, 이를 실전 투자에 적용해 보는 방법을 알아보려 한다. 분석의 확률과 신뢰를 높이기 위해서는 다양한 방법으로 고래(기관)의 흔적들을 찾아내는 게 중요하다. 그렇기 때문에 계속해서 공부하고 새로운 방법을 체크해야 한다.

1. 코인 베이스(거래소) 가격이 갑자기 높아지는 이유
2. 고래가 중소형 거래소를 사용하면 확실한 흔적이 남는다
3. 고래는 사고 있지만, 개미는 팔고 있다
4. 고래도 특정 가격대를 설정하고 전략을 만든다
5. 고래가 파는 시기와 사는 시기의 기준

1.

코인 베이스(거래소) 가격이 갑자기 높아지는 이유

거래소 간의 가격 프리미엄

예시 1

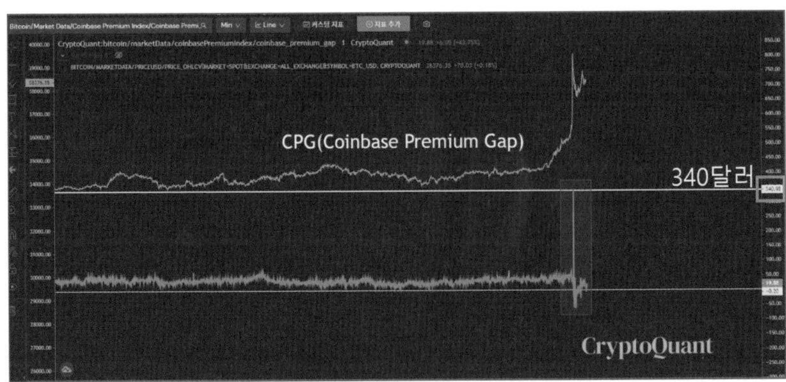

크립토퀀트(Cryptoquant) 데이터

코인 베이스 프리미엄 지표(Coinbase Premium Gap)는 코인 베이스와 바이낸스 거래소 간의 가격 차이를 나타낸 데이터다. 예시 1의 사진을 보면 1분 동안 340달러 수준의 가격 차이가 나타났다는 것을 알 수 있다. 짧은 시간 안에 이렇게 큰 가격 격차를 만들려면 엄청난 매수 움직임이 필요하다. 즉, 코인 베이스를 이용한 고래가 비트코인을 매수했다고 추정할 수 있다.

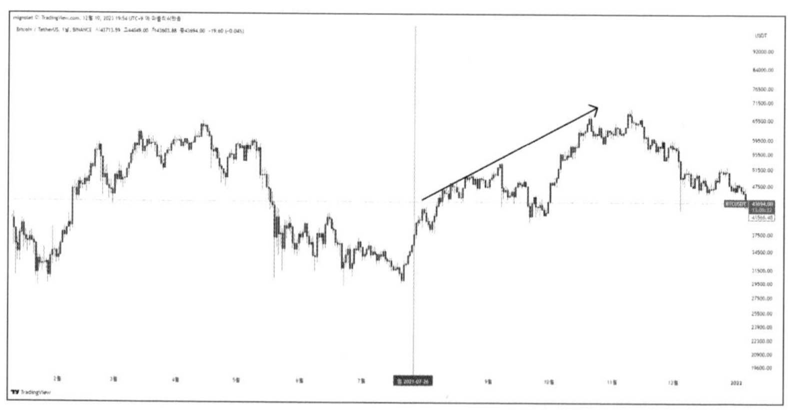

흔적 이후 가격이 계속해서 오른 것을 확인할 수 있다.

예시 2

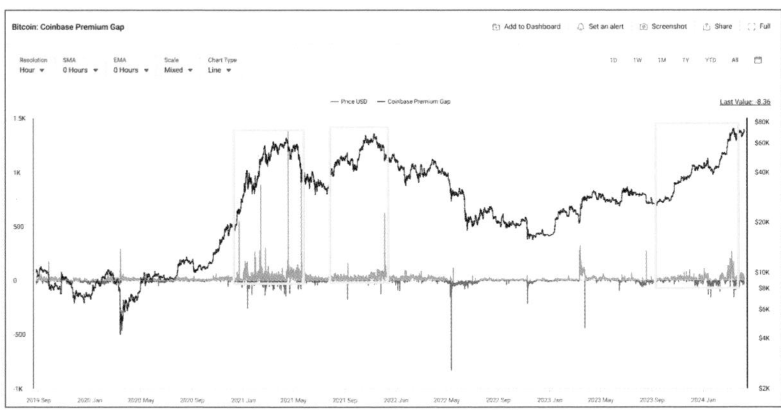

크립토퀀트(Cryptoquant) 데이터

장기적 관점에서 코인 베이스 프리미엄 지표(Coinbase Premium Gap)를 살펴봐도, 가격 상승 사이클 시기에 높은 가격 프리미엄(노란색 박스)을 유지하고 있다.

예시 1은 단기 움직임을 활용하여 실전 투자에 활용했다면, 예시 2는 장기 추세 관점에서 거래소 간의 가격 프리미엄을 활용할 수 있다.

예시 3

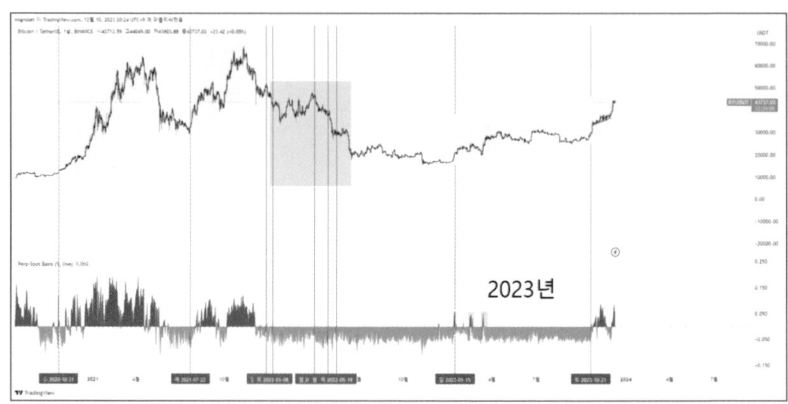

예시 1, 2에서 활용한 거래소 간의 프리미엄을 응용할 수 있다. 예시 3의 데이터는 거래소 간의 가격 차이가 아니라, 바이낸스 선물 마켓과 현물 마켓 사이의 가격 차이를 알려주는 데이터다.

데이터가 상승하면 선물 마켓 가격이 높아지기 때문에, 이 상황에서는 선물 고래의 개입이 강해진다고 볼 수 있다. 강세장(파란색 선)의 개입은 가격 상승의 시발점이 될 수 있다. 반대로 약세장(빨간색 선)의 개입은 가격 하락의 시발점이 되고 있다.

23년 가격 상승에도, 선물 매수 프리미엄이 발생한 후에 가격이 상승하고 있는 것을 알 수 있다. 선물 매수 프리미엄이 줄어든다면 고래의 개입이 점점 줄어들고 있다고 생각하고 매도를 고려해 볼 수 있다.

예시 3 데이터는 일일 데이터 기준으로 전체 추세를 보는 방법이다. 하지만 코인 베이스 프리미엄 지표(Coinbase Premium Gap)와 마찬가지로 1분 혹은 짧은 시간 단위로 설정한 뒤, 가격 차이를 활용하면 얼마나 강하게 개입했는지 확인할 수 있다.

예시 4

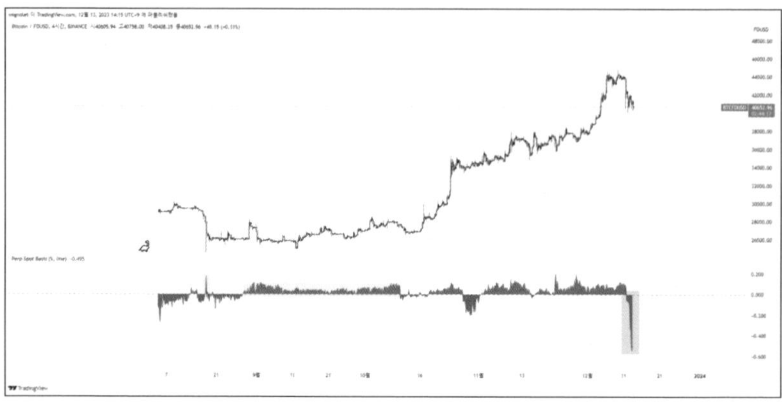

마켓 가격 차이도 다시 한번 응용할 수 있다. 예시 4 데이터는 바이낸스 FDUSD 마켓과 USDT(테더) 마켓 간의 가격 차이를 나타내는 데이터다.

이 데이터를 확인하는 이유는 기존에는 현물 거래량의 대부분이 USDT(테더) 마켓에서 발생했기 때문이다. 하지만 바이낸스에서 FDUSD 마켓만 수수료 무료 정책을 진행한 뒤, FDUSD 거래량이 증가했기 때문에 비교 분석을 해볼 수 있다.

실제로 가격 횡보 구간(초록색 박스)에서 FDUSD 마켓 프리미엄이 나타나고 있다. 그렇기 때문에 수수료 무료 정책을 활용한 고래의 개입 가능성을 생각해 볼 수 있다. 이후 실제로 가격이 상승하고 있으며, 상승 이후 반대로 매도 프리미엄(빨간색 박스)이 발생했다는 것을 볼 수 있다.

여기서 실제로 추가 하락이 나타난다면 데이터의 신뢰도가 높아지며 가격 상승, 하락에 모두 활용할 수 있게 되고, 또 추후에도 계속해서 활용할 만한 가치가 생기게 된다.

2.

고래가 중소형 거래소를 사용하면 확실한 흔적이 남는다

시장가 매수 흔적

시장가 매수/매도 비율(Taker Buy Sell Ratio)

예시 1

크립토퀀트(Cryptoquant) 데이터

시장가 매수/매도 비율(Taker Buy Sell Ratio) 데이터이며, 구체적으로 바이낸스 거래소를 개별적으로 범주화하였다. 예시 1의 경우, 필자가 데이터에 이동 평균선을 활용하였다.

가격(price)이 횡보하거나 하락하고 있어도, 시장가 매수/매도 비율(Taker Buy Sell Ratio)이 상승하면(노란색 박스), 고래가 횡보, 하락 구간을 활용하여 매집하고 있다고 분석할 수 있다. 이후에 가격이 상승하고 있는 걸 알 수 있다.

반대로 가격이 상승하는데, 시장가 매수/매도 비율(Taker Buy Sell Ratio)이 하락하면(파란색 박스) 이제 가격의 힘이 빠지고 하락할 수 있는 경고 신호로 활용할 수 있다. 이후에 가격이 하락하고 있는 걸 볼 수 있다.

이러한 움직임을 '다이버전스'라고 표현하는데, 2부 차트 투자 기법에서 배우고 다시 예시를 보면 쉽게 이해될 수 있다.

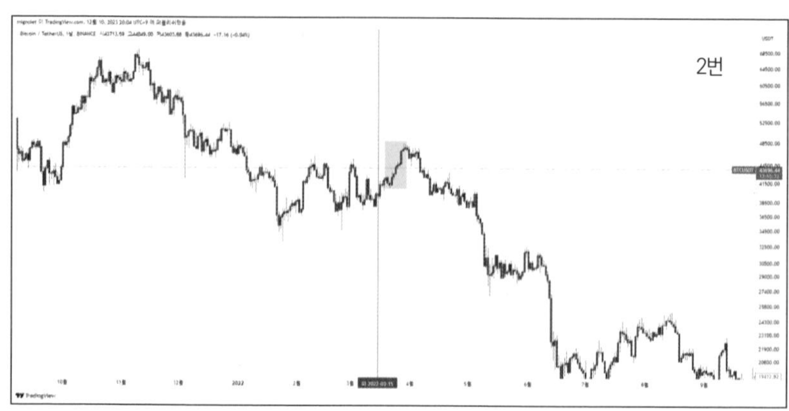

1번 사진 구간 마지막 시점, 시장가 매수/매도 비율이 하락하고 있다.(파란색 박스) 가격은 이후에 소폭 상승했지만(빨간색 박스) 결국은 힘이 빠지고 하락하고 있다.(2번 사진)

예시 2

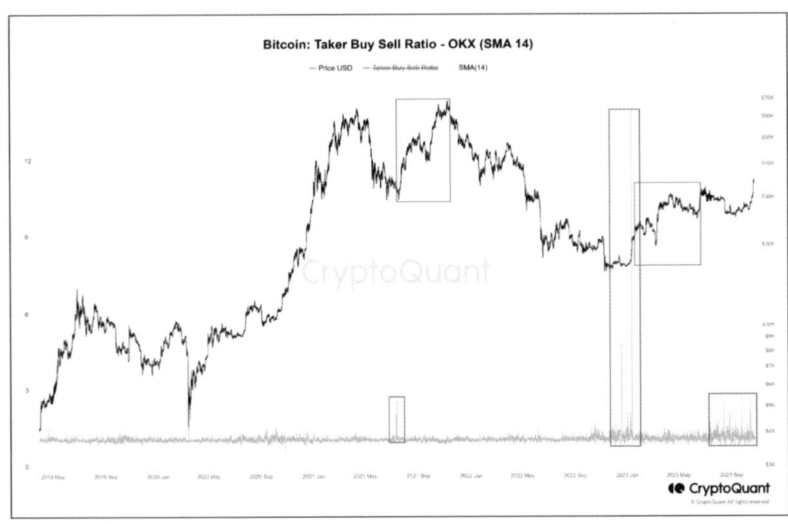
Bitcoin: Taker Buy Sell Ratio - OKX (SMA 14)
Price USD
Taker Buy Sell Ratio
SMA(14)
CryptoQuant

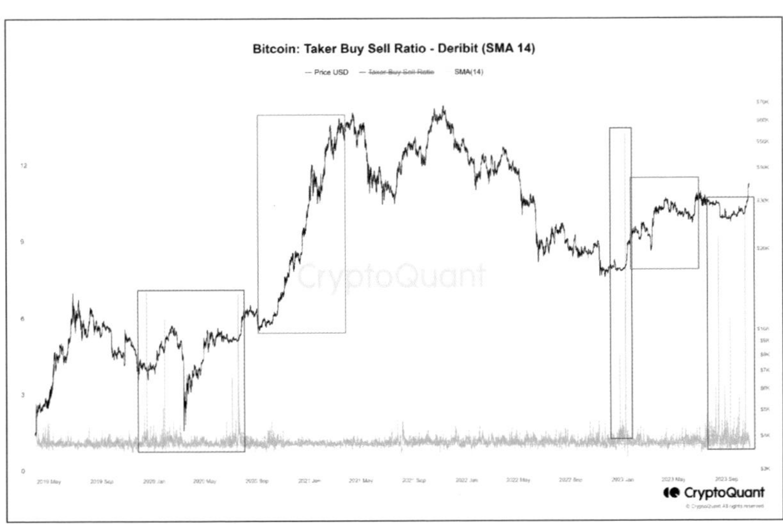
Bitcoin: Taker Buy Sell Ratio - Deribit (SMA 14)
Price USD
Taker Buy Sell Ratio
SMA(14)
CryptoQuant

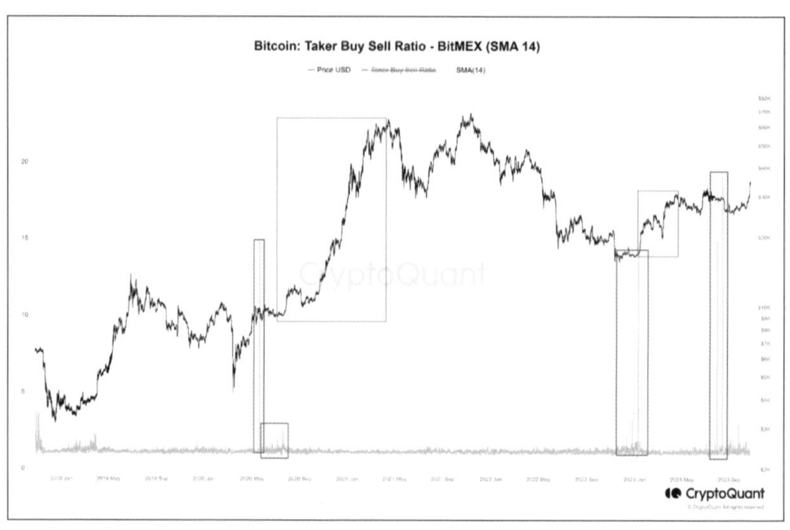

크립토퀀트(Cryptoquant) 데이터

예시 1에서는 시장가 매수/매도 비율(Taker Buy Sell Ratio)에 이동 평균선을 활용하여 실전 투자에 접목했다면, 예시 2에서는 특정 구간에서의 급등(스파크) 현상을 확인하여 실전 투자에 활용할 수 있다.

바이낸스 거래소에 비해 예시 2의 거래소들은 거래량이 적은 중/소형 거래소라고 볼 수 있다. 특정 구간에서 이렇게 큰 시장가 매수세(빨간색 박스)가 나타나는 것은, 결국 큰 규모의 고래가 개입했다는 강력한 증거다.

이러한 급등(스파크) 현상 이후 가격이 상승하는 모습(초록색 박스)이 나타났다. 그렇기 때문에 예시 2의 마지막 구간에서도 가격이 상승하고 있다. 전형적인 고래의 흔적이다.

예시 3

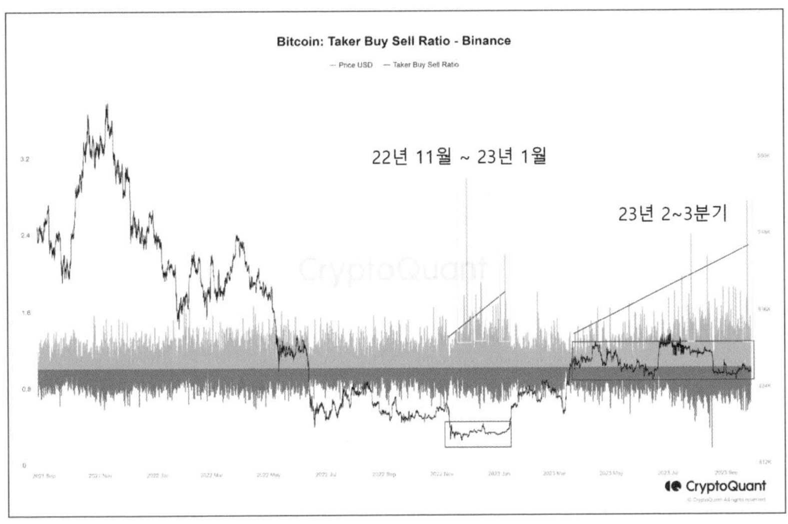

크립토퀀트(Cryptoquant) 데이터

예시 2에서는 특정 구간에서의 급등(스파크)을 체크하여 고래의 흔적을 찾았다면, 예시 3에서는 횡보 구간에서의 지속적인 시장가 매수 비율 증가 흔적(파란색 선)을 찾아, 분석에 활용할 수 있다.

비트코인 시장에서 가장 높은 점유율을 차지하는 바이낸스 거래소 매수 비율이 가격 횡보 구간(파란색 박스)에서 우상향하고 있으며, 실제로 가격 상승이 나타났다.(22년 11월~23년 1월)

22년 11월~23년 1월 구간보다, 23년 2~3분기 구간의 횡보가 더 길고, 비슷한 흔적이 오랫동안 나타나고 있기 때문에, 더 큰 가격 상승을 기대할 수 있다.

이러한 흔적 이후 가격이 계속해서 상승한 것을 확인할 수 있다.

3.

고래는 사고 있지만, 개미는 팔고 있다

달러 단위별 매수/매도 흔적

Firecharts 매수/매도 흔적

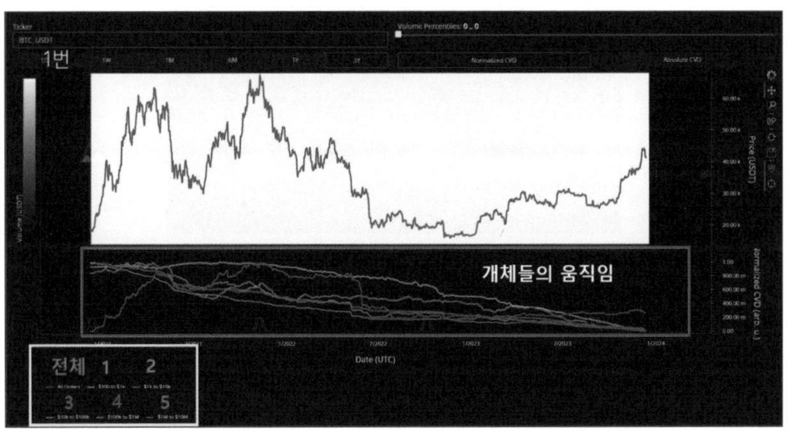

materialindicators 데이터

Firecharts라는 데이터다. 바이낸스 현물 마켓의 구매력을 달러 단위를 분류하여, 5가지 색깔(노란색 박스)로 구분하고 있다. 이를 통해 어떠한 개체가 매수/매도에 개입하고 있는지 알 수 있다.(빨간색 박스)

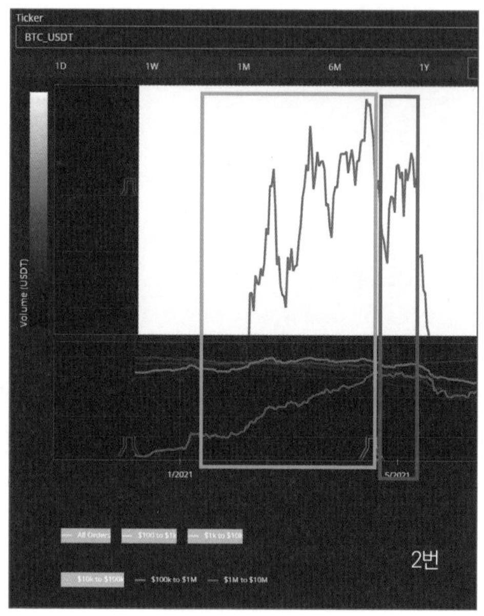

materialindicators 데이터

특히 가장 높은 매수 구매력을 가지고 있는 갈색 선은 고래라고 볼 수 있고, 가격 움직임에 중요한 역할을 한다.

2번 사진의 초록색 박스에서 가격과 갈색 선이 같이 우상향하고 있다. 하지만 빨간색 박스에서는 가격은 상승하지만, 갈색 선은 더 이상 상승하

지 않고 있다. 그다음으로 높은 구매력인 보라색 선도 하락하고 있다.

이를 통해 가격은 반등하고 있지만, 더 이상 고래가 매수에 개입하지 않고 있다고 판단하고, 가격 하락 가능성에 대한 기준을 설정할 수 있다.

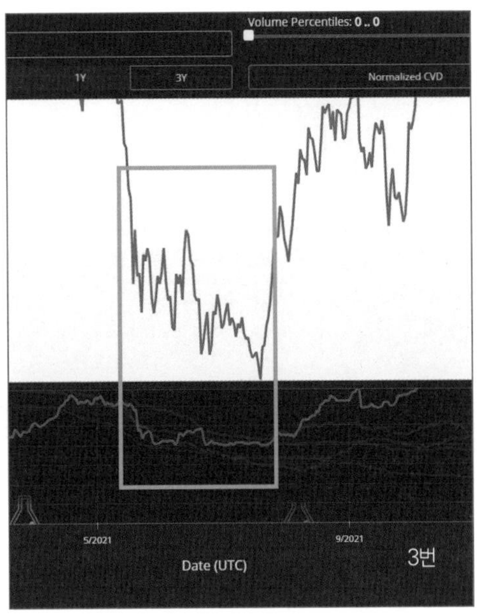

materialindicators 데이터

3번 사진은 반대 상황이다. 큰 하락 이후 가격은 소강상태에서 소폭 하락하고 있다.

하지만 갈색 선의 하락은 멈추고 횡보하는 상황이다. 명확하게 갈색 고래가 상승을 하면 조금 더 기준이 명확해질 수 있다. 분명한 것은 갈색 선(고래)이 더 이상 하락하지 않고 있기 때문에, 큰 하락 가능성은 적다고 분

석할 수 있다.

이런 상황에는 다른 데이터를 종합적으로 파악하는 것이 분석 확률을 높일 수 있다.

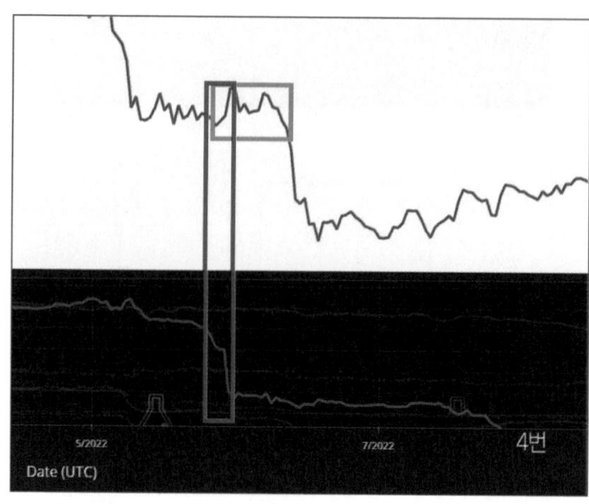

materialindicators 데이터

가격은 2주 정도 횡보하고 있지만, 이미 갈색 선(고래)은 비트코인을 판매했다.(빨간색 박스)

분명한 탈출 흔적을 보여주고 있기 때문에, 이러한 흔적을 통해 미리 대응할 수 있다.

4.

고래도 특정 가격대를 설정하고 전략을 만든다

거래소 호가(오더 북)창 흔적

Firecharts 호가창 흔적

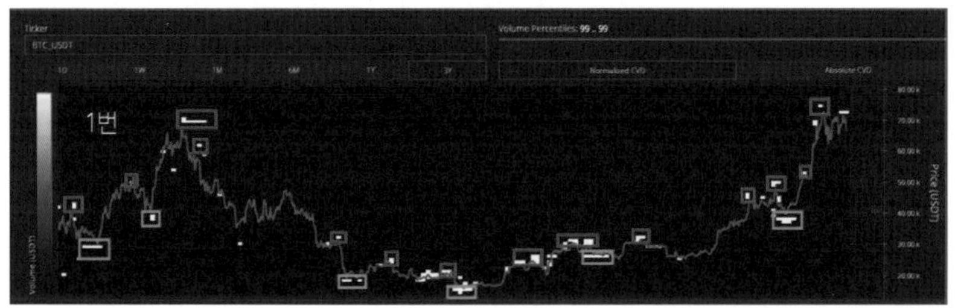

materialindicators 데이터

앞에서 배운 '달러 단위별 매수/매도 흔적'과 같은 데이터 플랫폼이다.

이번에 배울 데이터를 실전에서 활용하려면 먼저 호가와 오더 북에 대한 개념을 알아야 한다.

> **호가는 시장에서 팔거나 사려는 물건의 값이다.**
> 예를 들어 비트코인을 1억에 팔고 싶은 a와 9,900만 원에 사고 싶은 b가 있다. 그러면 1억은 매도 호가가 되는 것이고, 9,900만 원은 매수 호가가 된다. 그리고 시장에 거래가 활발해질수록 매수자와 매도자의 거래 범위는 커지게 된다. 1억 1,000만 원에 팔고 싶은 사람, 9,800만 원에 사고 싶은 사람과 같이 범위가 커지게 되고, 많은 범위에 호가 목록을 모아서 시각화하는 데이터가 오더북(호가창)이 된다.

일반호가 누적호가 호가주문 모아보기

0.416	97,532,000	-2.25%	
0.022	97,524,000	-2.26%	
0.080	97,521,000	-2.26%	
0.477	97,520,000	-2.26%	
0.124	97,518,000	-2.26%	
0.077	97,516,000	-2.27%	
0.493	97,515,000	-2.27%	
0.018	97,513,000	-2.27%	
	97,510,000	-2.27%	1.522
	97,509,000	-2.27%	0.079
	97,508,000	-2.27%	0.020
	97,507,000	-2.27%	0.025
	97,506,000	-2.28%	0.112
	97,505,000	-2.28%	0.118
	97,504,000	-2.28%	0.117
	97,503,000	-2.28%	0.146
3.022	수량(BTC)		30.058

거래량	5,790 BTC
거래대금	578,036 백만원 (최근24시간)
52주 최고	105,000,000 (2024.03.14)
52주 최저	32,510,000 (2023.06.15)
전일종가	99,776,000
당일고가	99,776,000 0.00%
당일저가	97,510,000 -2.27%

체결강도 +46.04%

체결가	체결량
97,510,000	0.024
97,512,000	0.000
97,510,000	0.035
97,513,000	0.001
97,510,000	0.019
97,513,000	0.001
97,513,000	0.005
97,510,000	0.003
97,510,000	0.001
97,510,000	0.001
97,510,000	0.006
97,510,000	0.225
97,511,000	0.083
97,511,000	0.001
97,511,000	0.078

비트코인 시장에서는 오더 북이라는 개념으로 많이 사용되고 있기 때문에 오더 북으로 이해하고 사진의 데이터 내용을 분석해 보자.

1번 사진의 빨간색 박스는 매도 호가, 초록색 박스는 매수 호가라고 이해하면 된다.

1번 사진의 오더 북 데이터는 필자가 상대적으로 규모가 매우 큰 호가만 범주화하여 나타낸 데이터이며, 작게는 200개 많게는 1,000개 이상의 비트코인 호가가 설정되어 있다. 이렇게 큰 규모의 비트코인 호가를 설정할 수 있는 건 결국 고래밖에 없다. 즉, 이는 고래의 흔적이다. 큰 규모의 매수, 매도 호가를 설정했다면 고래의 의도를 명확하게 알 수 있다.

100%의 성공 확률은 아니지만 매도 호가(빨간색 박스)가 설정된 곳은 결국 가격이 하락하고, 반대로 매수 호가(초록색 박스)가 설정된 곳은 결국 가격이 상승한다. 이것을 우리는 가격의 지지/저항으로 활용할 수 있다. 다시 말해, 저항 오더 벽(빨간색 박스), 지지 오더 벽(초록색 박스)이라고 표현하여 활용할 수 있다는 것이다. 추가로 이는 신뢰도가 매우 높은 것을 확인할 수 있다.

하지만 이 데이터의 단점은 분 단위의 짧은 시간 오더 벽을 확인하는 데 어려움이 있다는 점이다.

Tradinglite 호가창 흔적

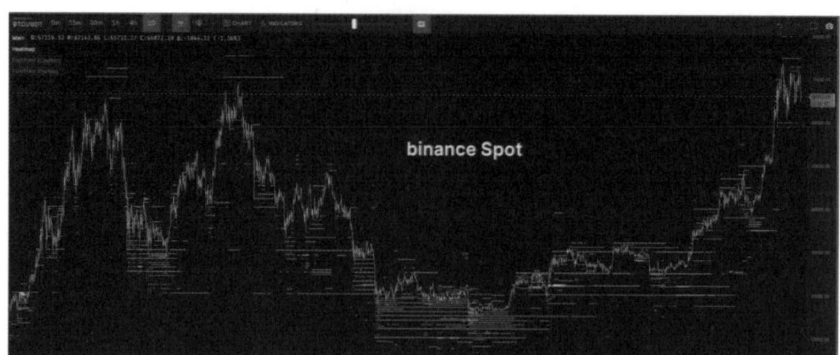

Tradinglite 데이터

Tradinglite 플랫폼은 이러한 단점을 해결할 수 있다. FireCharts와 달리 Tradinglite 플랫폼의 오더 북은 1분 단위의 움직임도 제공해 주는 장점이 있다. 필자는 데이터의 오류를 방지하기 위해 두 개의 데이터를 모두 사용하고 있다.

5.

고래가 파는 시기와 사는 시기의 기준

선물 시장의 펀딩 비율

펀딩 비율(Funding Rates)

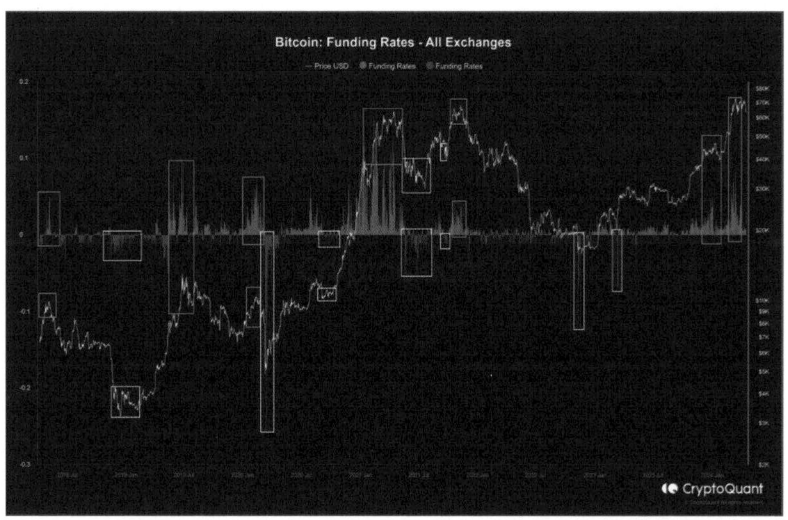

크립토퀀트(Cryptoquant) 데이터

비트코인 시장에는 코인을 담보로 레버리지를 사용하고 상승, 하락에 베팅할 수 있는 선물 거래소가 있다. 그리고 월 물이 아닌 무기한 선물 시장에는 펀딩 비율이 있다.

여기서 펀딩 비율이란 롱(상승) 트레이더와 숏(하락) 트레이더 사이의 펀딩 비용을 뜻한다. 구체적으로 설명하자면, 펀딩 비율이 양수이면 롱(상승)에 베팅한 트레이더는 숏(하락) 트레이더에게 펀딩 비용을 지불한다. 반대로 펀딩 비율이 음수이면 숏(하락)에 베팅한 트레이더는 롱(상승) 트레이더에게 펀딩 비용을 지불한다. 이러한 펀딩 비율이 있으므로 급격한 가격 변동성이 생겨났을 때에도 시장을 자율적으로 규제하고 안전하게 운영할 수 있게 된다.

실전 투자 관점에서 펀딩 비율을 살펴보자.

가격이 상승하면 자연스럽게 투자 심리가 상승으로 전환되고, 롱(상승)에 베팅하므로 펀딩 비율은 상승한다. 말 그대로 비율이기 때문에 작은 규모의 투자자는 부담이 덜 하겠지만, 선물 시장에서 큰 규모의 투자를 하는 고래는 펀딩 비율의 증가가 분명 부담이 된다. 그렇기 때문에 영원한 상승은 나타나지 않고 선물 시장의 고래는 시기가 되면 수익을 실현하게 되고, 가격은 하락하게 된다.(파란색 박스)

반대로 가격이 하락하면 투자 심리가 하락으로 전환되고, 숏(하락)에 베팅하게 되므로 펀딩 비율은 하락하게 된다. 시장이 장기적 상승 추세라면

선물 고래는 펀딩 비율이 하락한 시기가 다시 매집할 수 있는 가장 최적의 구간이 될 수 있기에 이 구간에서 매집을 생각해보게 된다.

이곳에서는 롱(상승)에 베팅을 해도 펀딩 비율이 음수이기 때문에, 펀딩 비용까지 받게 된다. 실제로 펀딩 비율이 음수인 구간(노란색 박스)이 단기, 장기 바닥이 되고, 가격이 상승하게 된다.

시장의 심리를 가장 직관적으로 보여주고 있는 데이터라고 생각한다. 가격은 상승하는데 언제 팔아야 할지 모른다면 이를 기준으로 삼을 수 있다. 동시에 이 데이터는 시장이 얼마나 과열이 되었는지 보여준다. 반대 상황도 동일하다.

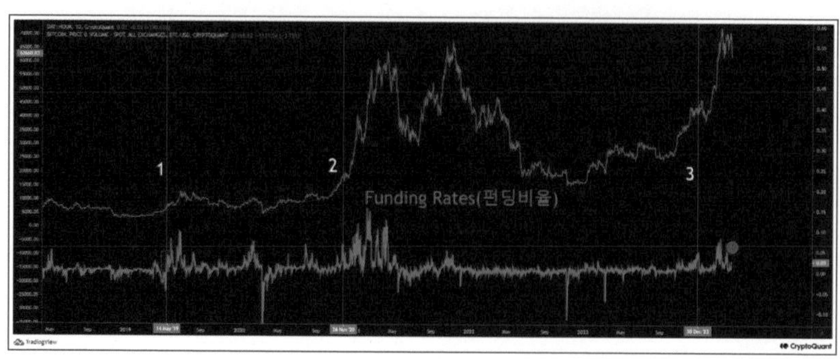

1번 구간 – 100% 추가 상승, 40일 지속(최고점 기준)

2번 구간 – 256% 추가 상승, 122일 지속(최고점 기준)

3번 구간 – 87% 추가 상승, 64일 지속(최고점 기준)

단, 펀딩 비율 데이터에도 주의점이 있다. 사진의 1~3번 구간은 모두 가격이 충분히 상승한 뒤 펀딩 비율이 증가했기 때문에, 가격 하락 가능성이 높아졌다고 볼 수 있다. 하지만 가격의 큰 하락 없이 펀딩 비율이 계속해서 상승하며 가격 또한 상승하는 것을 볼 수 있다.

이렇게 된 이유는 가격이 장기적으로 강하게 상승하는 가속화 구간에 진입했기 때문이다. 이때에는 펀딩 비율이 얼마나 올라야 큰 가격 하락이 오는지 정확한 수치 기준을 설정할 수 없다.

그렇기 때문에 다른 데이터들과 종합적으로 분석하여 시장의 움직임을 판단해야 한다. 그럼에도 불구하고, 펀딩 비율은 분명 시장의 심리와 과열을 가장 직관적으로 체크할 수 있는 좋은 데이터에는 틀림없다.

4장

온체인 데이터 초보 투자자를 위한 매뉴얼

앞에서 비트코인을 투자하는 고래를 추적하는 방법을 배웠다. 하지만 어디서부터 어떻게 활용해야 할지 초보 투자자 입장에서는 어려움이 있다. 4장에서는 온체인 데이터를 활용하는 데 있어, 도움이 되는 정보 채널과 플랫폼을 알아보자.

1. 양질의 정보와 분석 글을 활용하자
2. 무료로 양질의 데이터를 확인하자
3. 앞으로의 온체인 데이터 트렌드
4. 내가 찾은 흥미로운 비트코인 고래 이야기

1.

양질의 정보와 분석 글을 활용하자

1) 코인니스 라이브 피드

← 라이브 피드 추가
전체
인플루언서
프로젝트
거래소
분석
전체 선택
원하는 인물과 매체를 검색해주세요.
일론 머스크
테슬라 CEO
잭 도시
트위터 창업자
주기영
크립토퀀트 CEO
자오창펑
전 바이낸스 CEO
저스틴 선
트론 창업자
마이클 세일러
마이크로스트레티지 CEO
피터 시프
유로퍼시픽캐피털 CEO
윌리 우
온체인 애널리스트
래리 서막
더블록 애널리스트
조셉 루빈
컨센시스 창업자
AC
안드레 크로녜
와이언파이낸스 창업자
브랜든 블러머
블록원 CEO
댄 라리머
이오스 창업자
지미 송
비트코인 코어 개발자
로저 버
비트코인닷컴 창업자
제레미 알레어
서클 CEO
제드 맥칼렙
前 리플 CTO
잭 프린스
블록파이 CEO

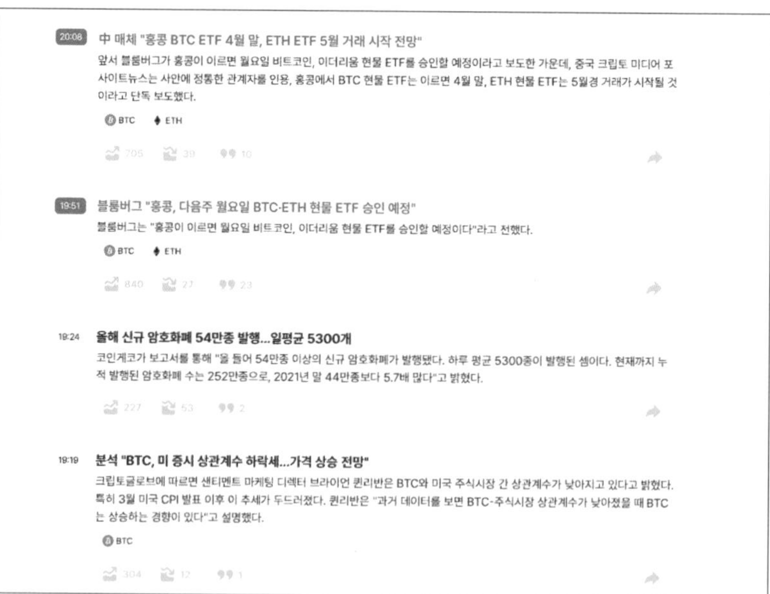

20:08
中 매체 "홍콩 BTC ETF 4월 말, ETH ETF 5월 거래 시작 전망"
앞서 블룸버그가 홍콩이 이르면 월요일 비트코인, 이더리움 현물 ETF를 승인할 예정이라고 보도한 가운데, 중국 크립토 미디어 포사이트뉴스는 사안에 정통한 관계자를 인용, 홍콩에서 BTC 현물 ETF는 이르면 4월 말, ETH 현물 ETF는 5월경 거래가 시작될 것이라고 단독 보도했다.
BTC
ETH
705
39
10
19:51
블룸버그 "홍콩, 다음주 월요일 BTC-ETH 현물 ETF 승인 예정"
블룸버그는 "홍콩이 이르면 월요일 비트코인, 이더리움 현물 ETF를 승인할 예정이다"라고 전했다.
BTC
ETH
840
27
23
19:24
올해 신규 암호화폐 54만종 발행...일평균 5300개
코인게코가 보고서를 통해 "올 들어 54만종 이상의 신규 암호화폐가 발행됐다. 하루 평균 5300종이 발행된 셈이다. 현재까지 누적 발행된 암호화폐 수는 252만종으로, 2021년 말 44만종보다 5.7배 많다"고 밝혔다.
227
53
2
19:19
분석 "BTC, 미 증시 상관계수 하락세...가격 상승 전망"
크립토글로브에 따르면 샌티멘트 마케팅 디렉터 브라이언 퀸리반은 BTC와 미국 주식시장 간 상관계수가 낮아지고 있다고 밝혔다. 특히 3월 미국 CPI 발표 이후 이 추세가 두드러졌다. 퀸리반은 "과거 데이터를 보면 BTC-주식시장 상관계수가 낮아졌을 때 BTC는 상승하는 경향이 있다"고 설명했다.
BTC
304
12
1

코인니스에 라이브 피드라는 항목이 있다. 초보 투자자는 여기에서 코인 시장의 영향력 있는 인물을 살펴보고, 원하는 인물을 선택하여 정보나 분석을 실시간으로 체크할 수 있다. 필자의 경험상 국내, 해외 모든 비트코인 관련 뉴스를 가장 빠르게 접할 수 있다. 라이브 피드뿐만 아니라 코인니스 뉴스 플랫폼도 같이 활용하면 큰 도움이 된다.

코인니스 홈페이지 : www.coinness.com

2) 크립토퀀트(CryptoQuant) Quicktake

크립토퀀트(CryptoQuant) Quicktake에서 온체인 데이터를 활용하는 검증된 분석가들의 글을 볼 수 있다.(1번 사진)

하지만 분석 글이 모두 영문으로 작성되어 있어, 한국 투자자들은 불편할 수 있다. 다행히 크립토퀀트 한국 채널에서 한국어로 번역된 분석 글을 제공하고 있으니 참고하면 된다.(2번 사진)

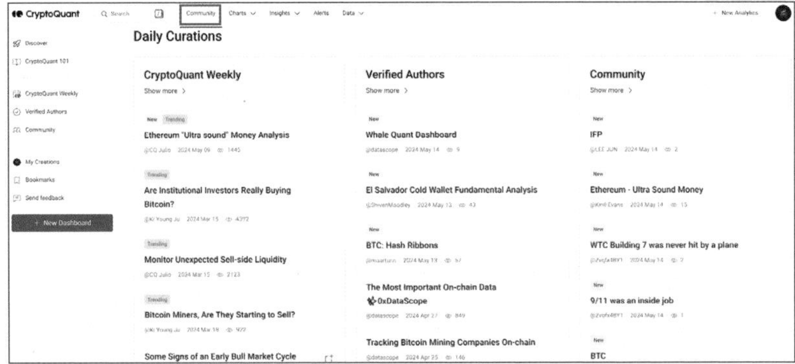

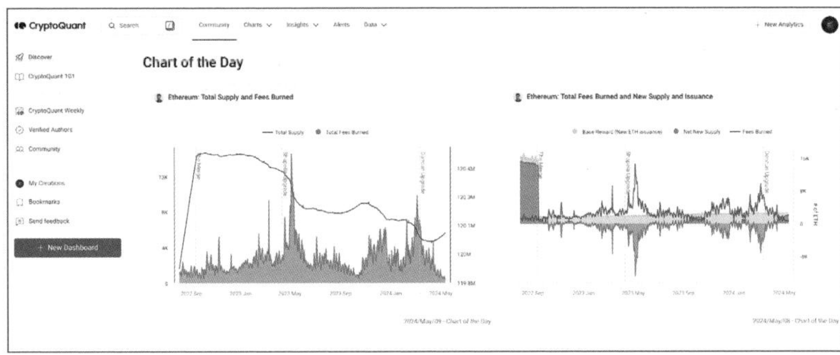

이외에 크립토퀀트(CryptoQuant) 커뮤니티(Community)를 클릭하면, 온체인 데이터를 활용하고 있는 검증된 분석가들이 재가공한 다양한 데이터를 확인할 수 있다.

크립토퀀트(CryptoQuant) 홈페이지 : www.cryptoquant.com

크립토퀀트 인사이트 번역 홈페이지 : www.twitter.com/CryptoQuant_KR

3) 분석 리서치

3-1) 글래스노드 리서치

Subscribe to our newsletter

Receive weekly expert market analysis, best-in-class research on Bitcoin, Ethereum, DeFi, & more.

Enter your email

Submit

By subscribing, you agree to our Terms & Conditions and Privacy Notice.

글래스노드(glassnode) 플랫폼에서는, 온체인 데이터와 관련된 매우 구체적인 분석 내용을 리서치 형식으로 제공하고 있다. 리서치를 구독하는 방법은 글래스노드(glassnode) 홈페이지 최하단 뉴스레터 구독 신청 화면에 메일 주소를 입력하면 된다.

글래스노드(glassnode) 홈페이지 : www.glassnode.com

3-2) 메사리(messari) 리서치

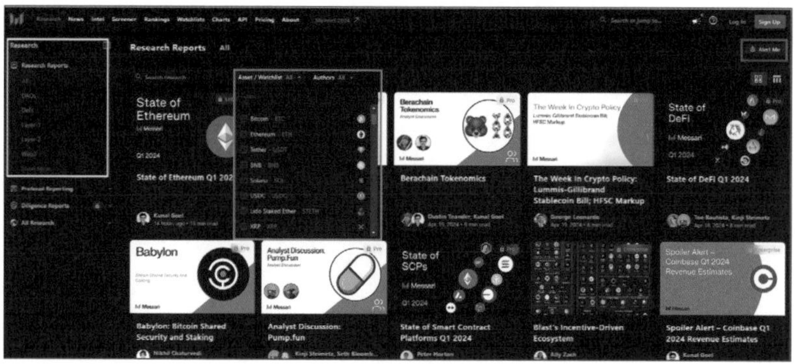

코인 시장에도 주식 시장처럼 전문 리서치 기관이 점점 늘어나고 있다. 그중 가장 대표적인 리서치 기관이 메사리(messari) 회사다.

이곳에선 리서치만을 위해 25명의 전분 애널리스트가 활동하고 있다. 비트코인을 넘어 코인 시장의 종합적인 분석 리포트를 제공하고 있다. 구체적으로 섹터별(노란색 박스), 코인 종류(주황색 박스)와 같이, 세부적으로 분류한 리포트를 제공하고 있다. 가입 후 오른쪽 상단 Alert Me(빨간색 박스)을 누르면, 가입한 메일로 분석 리서치를 받을 수 있다.

메사리(messari) 리서치의 단점은 한글 번역 리포트가 발간되지 않는다는 점이다. 하지만 코빗(Korbit) 거래소에서 21년부터 메사리(messari) 분석 리서치의 한글 번역본을 제공하고 있다. 코빗(Korbit) 거래소 인사이트에 메일만 입력하면 된다.

메사리(messari) 홈페이지 : www.messari.io

코빗(Korbit) 거래소 홈페이지 : www.korbit.co.kr

3-3) 코인니스 전문가 칼럼

국내에도 도움이 되는 리서치가 있다. 코인니스에서 〈코인니스 오리지널〉이라는 전문가 탭을 따로 신설하여 운영하고 있다. 여기에서 국내 코인 시장 전문가들의 다양한 분석 리서치를 볼 수 있다. 참고로 필자 또한 코인니스 전문 칼럼니스트로 활동하는 중이다.

코인니스 홈페이지 : www.coinness.com

4) 알고란-알기 쉬운 투자뉴스

알고란 유튜브 채널은 비트코인 정보 채널 중에 구독자 10만 명이 넘은 몇 안 되는 유튜브 채널이다. 주 2회 생방송을 진행하고 있으며, 코인 시장의 주요 이슈들을 자세하게 체크하고 공부할 수 있다. 필자가 추천하는 이유는 단순히 해외에서 스크랩한 정보를 있는 그대로 번역해서 전달하지 않는다는 점이다. 주제를 정해서 다양한 정보들을 종합적으로 분석하고, 알기 쉽게 설명한다.

초보 투자자라면 코인 시장 상황이 전체적으로 어떻게 흘러가는지, 어떠한 이슈를 중점적으로 봐야 하는지 길잡이 역할을 해줄 수 있는 채널이다.

알고란 유튜브 채널 : www.youtube.com/@algoran

2.

무료로 양질의 데이터를 확인하자

필자가 사용하는 대부분의 데이터와 플랫폼은 무료가 아니다. 초보 투자자가 모든 데이터를 곧바로 유료로 사용하기에는 부담이 되고, 비효율적일 수 있다. 무료이지만 양질의 데이터를 활용할 수 있는 곳을 알아보자.

1) 코인글래스(Coinglass)

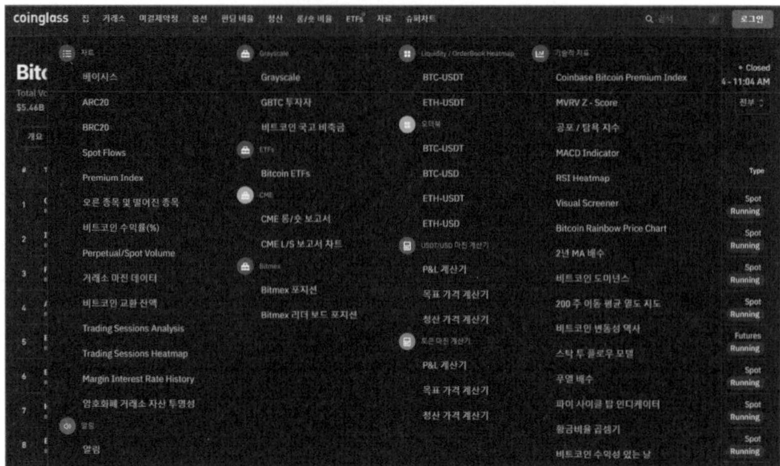

코인글래스(Coinglass) 플랫폼은 모두 무료이지만, 유료 플랫폼만큼 좋은 데이터들이 많다. 우리가 앞에서 배우고 실전에서 활용한 다양한 데이터들도 확인할 수 있다. 곧바로 유료로 데이터를 사용하기에는 부담이 된다면 코인글래스(Coinglass)를 활용하자.

코인글래스(Coinglass) 홈페이지 : www.coinglass.com

2) 코인니스 뉴스 채널

필자는 다양한 코인 뉴스 채널을 활용하고 있다. 하지만 코인니스 뉴스 채널만큼, 빠르고 다양한 정보를 제공하는 뉴스 채널은 없는 것 같다. 텔레그램 채널을 구독하면, 코인 뉴스를 실시간으로 확인할 수 있다.

코인니스 텔레그램 주소 : www.t.me/coinnesskr

3) X(구 트위터) 플랫폼 활용

대부분의 해외 정보는 X(구 트위터)에서 가장 먼저 생산된다. 이후 비트코인 유튜브 채널에서 X(구 트위터) 정보를 스크랩하여 재생산하거나 그대로 전달하는 구조다.

문제는 일부 유튜브 채널이 출처를 남기지 않고 사용하거나, 생산된 정보가 정확한지 확인하지 않고 그대로 전달하는 경우가 너무 많다는 점이다. 초보 투자자들은 이러한 정보를 그대로 믿는 경우가 많기에, 만약 그들이 전달한 정보가 이후 사실이 아닌 것으로 밝혀지면 큰 손실을 볼 수밖에 없게 된다. 필자는 이러한 상황을 자주 봤기 때문에 굉장히 안타깝다.

본인이 남들보다 빠르고 정확한 정보를 얻고 싶다면, X(구 트위터)를 활용하는 게 큰 도움이 된다. 누구를 구독해야 할지 모르겠다면, 코인니스 라이브 피드에 등록된 사람을 참고하자. 이후 알고리즘에 의해 자동으로 구독하지 않은 사람들의 좋은 정보를 추가로 확인할 수도 있다. 필자 또한 X(구 트위터)에서 활동하는 중이고, 무료로 분석 글을 업로드하고 있다.

3.

앞으로의 온체인 데이터 트렌드

필자는 온체인 데이터와 그 외의 방법으로 고래들의 흔적을 계속해서 추적하고 있다. 다만 그렇더라도 고래의 주체가 정확하게 누구인지는 명확하게 알 수 없고, 단순히 고래라고만 특정 짓고 데이터를 활용하고 있다.

하지만 미국 비트코인 현물 ETF가 승인되면, 지난 비트코인 투자 시장과는 달리 고래(기관)들이 비트코인을 구매하면 우리는 명확하게 알 수 있을 것이다. 구체적으로 이러한 고래(기관)들이 비트코인을 구매한 이후, 보관하고 있는 지갑을 빠르게 찾고 활용하는 방법이 다음 상승장에 중요한 트렌드가 될 수 있다고 생각한다.

주요 온체인 데이터 플랫폼에서 아직 고래(기관) 데이터를 개별적으로 분류하여 제공하는 플랫폼은 없다.

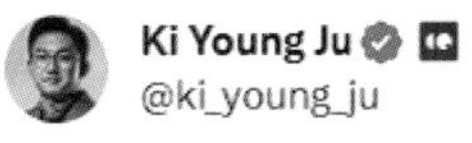

1번

Canadian #Bitcoin miner Bitfarms ($BITF) doubled in stock price last month despite its revenue remaining unchanged.

We offer a paid service to track the wallets of publicly traded companies. Let me know if you're interested.

cryptoquant.com/get-in-touch?r...

영어에서 번역(Google 제공)

캐나다 #Bitcoin 채굴업체 Bitfarms ($BITF)는 매출 변동이 없음에도 불구하고 지난 달 주가가 두 배로 올랐습니다.

우리는 상장 기업의 지갑을 추적하는 유료 서비스를 제공합니다. 관심이 있으시면 알려주세요.

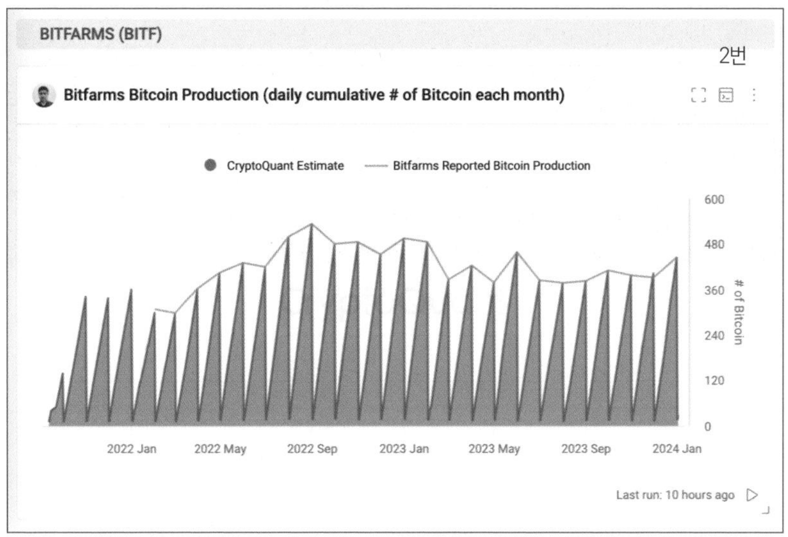

아직 보편화되지 않았지만 1번, 2번 사진을 보면 크립토퀀트(Cryptoquant)에서 상장 기업(채굴 회사)의 비트코인 지갑을 찾아 자료화하고 있다.

온체인 데이터 또한 정답이 없고 100% 성공이 없다. 그렇기 때문에 계속해서 새로운 트렌드가 발생하고, 새로운 데이터들이 생길 것이다.

아캄(ARKHAM) 데이터

책을 처음 집필하고 있는 시점은 미국 비트코인 현물 ETF가 승인 전이었다. 정확하게는 23년 11월부터 집필하고 있었는데, 이후 미국 비트코인 현물 ETF가 승인되었다. 실제로 ETF 회사들이 비트코인을 축적하고 있으며, Arkham(아캄) 데이터 플랫폼에서 ETF 회사들의 지갑을 추적하고 있다.

비트코인 ETF 회사들은 비트코인 보유량만 공개하고, 비트코인 지갑 주소는 공개하지 않고 있다.(비트 와이즈(BITB) 제외)

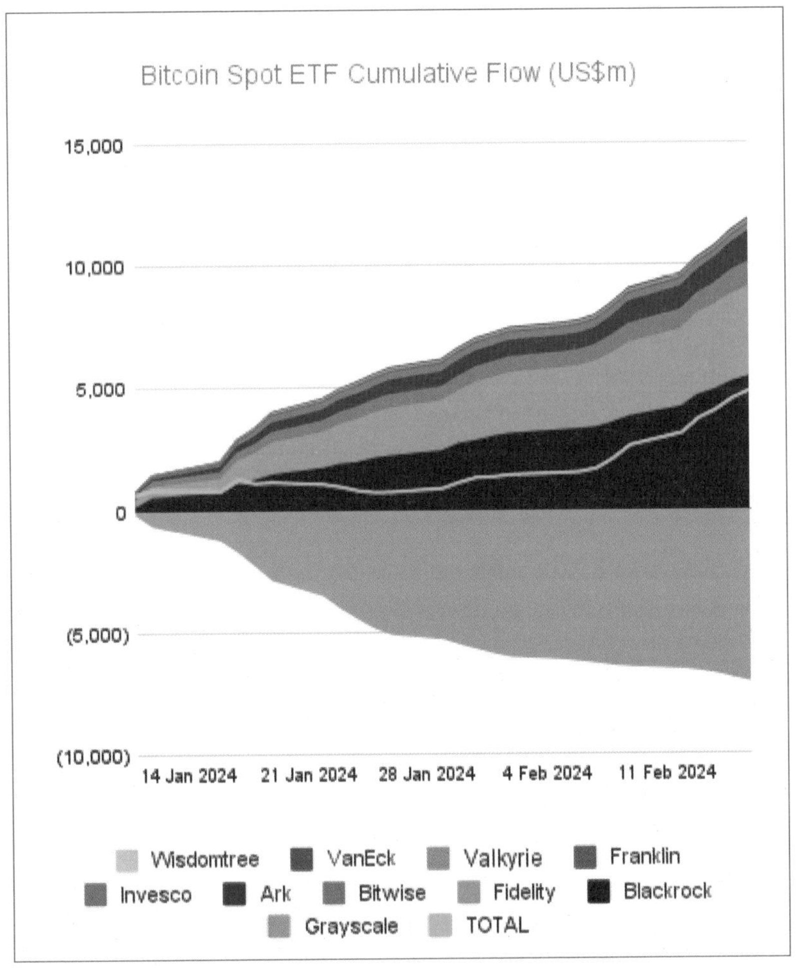

farside Fund Investors

집필하고 있는 상황에서, ETF 회사들의 비트코인 축적량(Cumulative Flow)이 급격히 증가하는 상황이 발생했다. 더불어 가격도 상승하고 있다. 높은 축적량을 기록하고 있는 두 개의 비트코인 ETF를 분석하면 투자에 도움이 될 수 있다.

블랙록(IBIT), 피델리티(FBTC)는 2월 19일 기준으로 블랙록(IBIT) 11만 9천 개, 피델리티(FBTC) 8만 4천 개가량의 비트코인을 약 한 달 동안 축적하였다. 단순히 매수/매도를 하고 있다는 정보는 이제 누구든지 알 수 있다. 하지만 구체적인 매수/매도 방법을 공식 자료에서 확인할 수 없다. 만약 우리가 이 엄청난 규모의 비트코인 매수/매도 방법을 구체적으로 알 수 있다면 실전 투자에서 큰 도움이 될 수 있다.

아캄(ARKHAM) 데이터

블랙록(IBIT) ETF 지갑을 살펴보면, 코인 베이스 프라임(Coinbase Prime)이라는 중개 플랫폼을 이용하고 있다.(사진 참고) 즉, 거래소를 직접 이용하지 않고 장외(OTC)에서 비트코인을 매수하고 있다.

여기서 알아야 할 점은 코인 베이스 프라임(Coinbase Prime)과 코인 베이스(Coinbase)는 완전히 다르다는 점이다. 코인 베이스(Coinbase)는 업비트와 같은 거래소 플랫폼이며, 코인 베이스 프라임(Coinbase Prime)은 기관들의 거래를 이어주는 중개 거래 플랫폼이다.

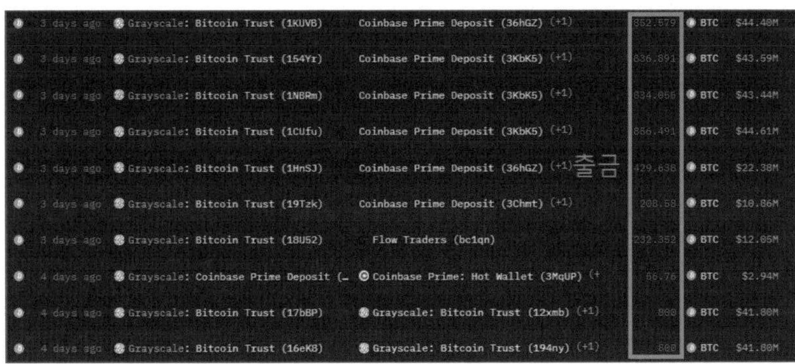

3 days ago	Grayscale: Bitcoin Trust (1KUVB)	Coinbase Prime Deposit (36hGZ) (+1)	852.579	BTC $44.40M
3 days ago	Grayscale: Bitcoin Trust (154Yr)	Coinbase Prime Deposit (3KbK5) (+1)	836.891	BTC $43.59M
3 days ago	Grayscale: Bitcoin Trust (1NBRm)	Coinbase Prime Deposit (3KbK5) (+1)	834.056	BTC $43.44M
3 days ago	Grayscale: Bitcoin Trust (1CUfu)	Coinbase Prime Deposit (3KbK5) (+1)	856.491	BTC $44.61M
3 days ago	Grayscale: Bitcoin Trust (1HnSJ)	Coinbase Prime Deposit (36hGZ) (+1)	429.638	BTC $22.38M
3 days ago	Grayscale: Bitcoin Trust (19Tzk)	Coinbase Prime Deposit (3Chmt) (+1)	208.58	BTC $10.86M
3 days ago	Grayscale: Bitcoin Trust (18U52)	Flow Traders (bc1qn)	232.352	BTC $12.05M
4 days ago	Grayscale: Coinbase Prime Deposit (…	Coinbase Prime: Hot Wallet (3MqUP) (+	56.76	BTC $2.94M
4 days ago	Grayscale: Bitcoin Trust (17bBP)	Grayscale: Bitcoin Trust (12xmb) (+1)	800	BTC $41.80M
4 days ago	Grayscale: Bitcoin Trust (16eK8)	Grayscale: Bitcoin Trust (194ny) (+1)	800	BTC $41.80M

아캄(ARKHAM) 데이터

그레이스케일(GBTC)에서는 반대로 비트코인이 출금(판매)되고 있다. 이유는 높은 수수료로 인해, 상대적으로 낮은 수수료로 운용되고 있는 ETF 회사로 유출되고 있다고 추정할 수 있다.

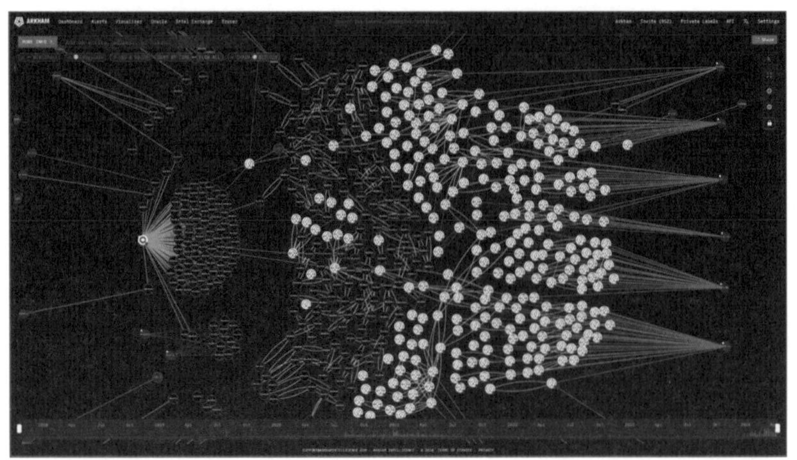

아캄(ARKHAM) 데이터

그레이스케일(GBTC)에서 유출되는 비트코인의 대부분을 블랙록(IBIT)에서 흡수하고 있는 것 같다.

검은색으로 표시가 되어 있는 지갑은 블랙록(IBIT) 지갑, 흰색으로 표시가 되어 있는 지갑은 그레이스케일(GBTC) 지갑이다. 사진을 보면 명확하게 확인할 수 있다.

TRANSACTIONS　SWAPS　INFLOW 1 › / 7　OUT

TIME	FROM	TO	VALUE
3 days ago	Coinbase (3Nh28) (+38)	Fidelity FBTC ETF: FBTC Inflows (Fi…	75
3 days ago	bc1q8s3h3vw5xufdas890q29lpuca56r0ezq	Fidelity FBTC ETF: FBTC Inflows (Fi…	605.131
3 days ago	Coinbase (3HT1M) (+3)	Fidelity FBTC ETF: FBTC Inflows (Fi…	465
3 days ago	Coinbase (3HT1M) (+6)	Fidelity FBTC ETF: FBTC Inflows (Fi…	735
4 days ago	16Uz37Q6TfvK2UFTgamn3dyRjnP2Wtf4p2	Fidelity FBTC ETF: FBTC Inflows (Fi…	1.096K
4 days ago	bc1qzhr3cnh9krzvv7v3kg67zv0v00qg2x727sx	Fidelity FBTC ETF: FBTC Inflows (Fi…	373
4 days ago	Coinbase (1Ag5a) (+1)	Fidelity FBTC ETF: FBTC Inflows (Fi…	827
5 days ago	Coinbase (38MfJ) (+1)	Fidelity FBTC ETF: FBTC Inflows (Fi…	500
5 days ago	16Uz37Q6TfvK2UFTgamn3dyRjnP2Wtf4p2	Fidelity FBTC ETF: FBTC Inflows (Fi…	1.623K
5 days ago	Coinbase (3HT1M) (+13)	Fidelity FBTC ETF: FBTC Inflows (Fi…	605
5 days ago	Coinbase (3HT1M) (+12)	Fidelity FBTC ETF: FBTC Inflows (Fi…	595
6 days ago	Coinbase (3PxTj) (+109)	Fidelity FBTC ETF: FBTC Inflows (Fi…	300
6 days ago	bc1q8s3h3vw5xufdas890q29lpuca56r0e…	Fidelity FBTC ETF: FBTC Inflows (Fi…	1.2K
[illegible]	Coinbase (3Nh28) (+23)	Fidelity FBTC ETF: FBTC Inflows (Fi…	[illegible]

아캄(ARKHAM) 데이터

피델리티(FBTC) ETF 지갑을 살펴보면, 굉장히 흥미로운 부분이 있다. 피델리티(FBTC)는 현재 블랙록(IBIT)과 달리, 시장에 직접 개입하여 비트코인을 매수하고 있다. 즉 장외(OTC) 시장에서 매수하는 블랙록(IBIT)은 가격 변동성에 직접적인 영향이 없다. 하지만 피델리티(FBTC)는 거래소를 이용하여 매수하고 있기 때문에, 가격 변동성에 영향이 있다.

피델리티(FBTC) ETF 지갑의 움직임을 보면, 코인 베이스 프라임(Coinbase Prime)이 아닌 코인 베이스 지갑(Coinbase), 즉 거래소에서 피델리티(FBTC) ETF 지갑으로 비트코인이 이동하고 있다.

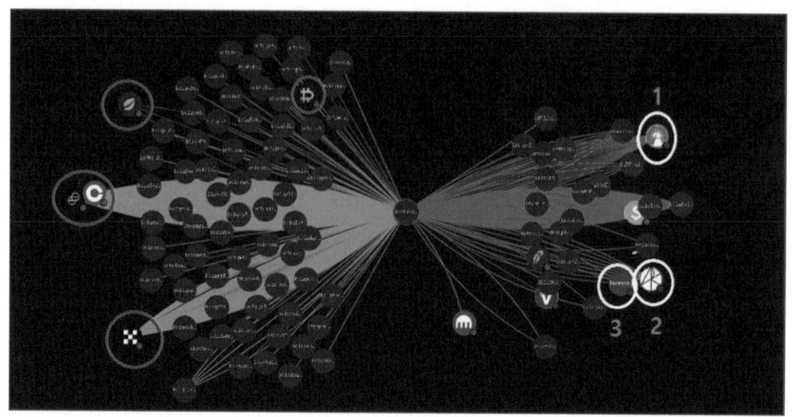

아캄(ARKHAM) 데이터

라벨링 되지 않은 지갑을 살펴보면, 일반 거래소(빨간색 표시)에서 피델리티(①), 아크 인베스트(②), 인베스코(③) ETF 회사로 비트코인이 이동하고 있다.

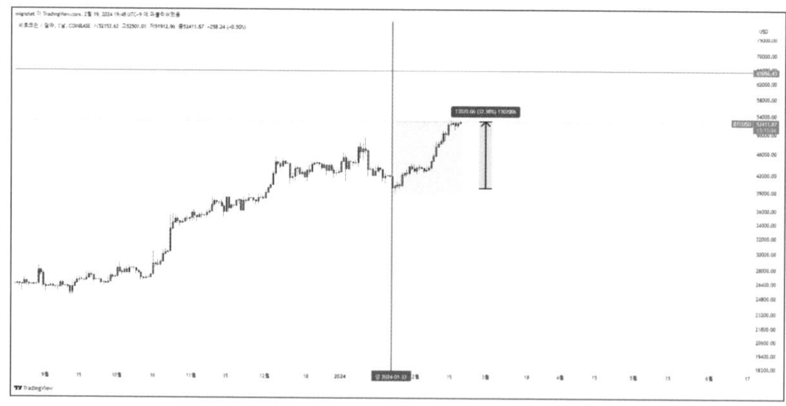

정리하면, 미국 비트코인 현물 ETF 승인 이후 시장 가격을 직접적으로 상승시키고, 주도하고 있는 주체는 피델리티(FBTC)일 가능성이 높다.

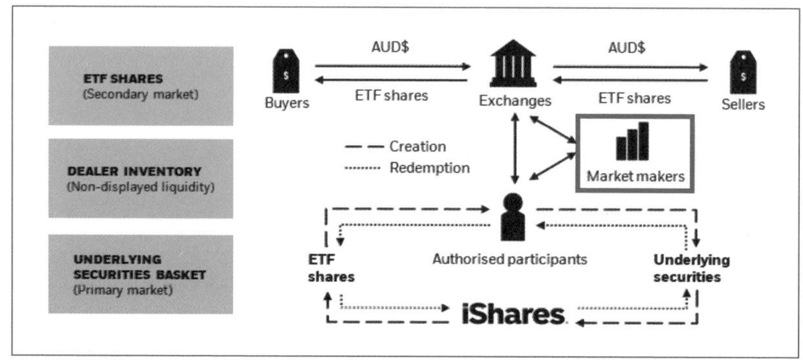

Ishares ETF 데이터

조금 더 구체적으로 설명하면, ETF 회사 안에 포함된 마켓 메이커(Market makers)가 시장에 직접 개입하여 가격에 영향을 미치는 구조가 된다. 그렇기 때문에 ETF 회사 마켓 메이커(Market makers)의 상황과 구조에 따라 시장에 직접 개입하지 않고 있는 ETF 회사도, 언제든지 구매 방법을 변경하여 개입할 수 있다. 이 부분은 글로 모든 것을 설명하기에는 너무 복잡한 부분이다. 이후 개인 유튜브 채널이나 교육 콘텐츠를 통해 영상으로 설명하겠다.

온체인 데이터를 배웠고 ETF 비트코인 지갑까지 추적한다면, 기존 일

반 투자자들과 달리 구체적으로 고래의 흔적을 분석하고 투자에 활용할 수 있다. 단순히 그레이스케일(GBTC)에서 비트코인이 판매되고 있으니, 가격이 하락한다. 블랙록(IBIT)에서 구매하고 있으니, 가격이 상승한다. 이렇게 분석하는 경우와 각각의 ETF 지갑을 세부적으로 분석하고 매매에 적용하는 경우는 완전히 다르다.

내가 고래의 생각을 읽고 고래의 등에 올라탈 것인지, 아니면 늘 고래에게 쫓기고 휘둘리는 먹이가 될 것인지 잘 생각해 보자. 100% 성공 확률은 없지만, 이 책을 읽은 사람과 아닌 사람의 투자 방식과 심리는 완전히 다를 것이다.

4.

내가 찾은 흥미로운 비트코인 고래 이야기

우리는 직접 고래의 움직임을 찾아 분석할 수도 있다. 필자가 직접 찾은 흥미로운 고래 움직임을 알아보자.

1) 1~5년 아주 오랫동안 비트코인을 모았다가 한번에 매도하는 고래들

441413	2016-12-01 19:45:53	+0.00[illegible] BTC ([illegible] USD)	124,178.0001332 BTC	$92,829,678 @ $747.55		$9,269,064
441146	2016-11-30 01:17:48	+38,000 BTC (27,970,204.07 USD)	124,178.0000666 BTC	$91,075,426 @ $733.43		$7,514,812
438775	2016-11-14 08:32:38	+0.00[illegible] BTC ([illegible] USD)	86,178.0000666 BTC	$60,359,714 @ $700.41		$4,669,304
437921	2016-11-08 22:35:21	+8,450 BTC (5,995,041.77 USD)	86,178 BTC	$61,140,912 @ $709.47		$5,450,502
437912	2016-11-08 21:26:11	+15,000 BTC (10,603,170.64 USD)	77,728 BTC	$54,944,217 @ $706.88		$5,248,848
437857	2016-11-08 15:07:01	+2 BTC (1,404.82 USD)	62,728 BTC	$44,060,902 @ $702.41		$4,968,704
436182	2016-10-28 04:46:03	+2 BTC (1,364.77 USD)	62,726 BTC	$42,803,294 @ $682.39		$3,712,501
436110	2016-10-27 18:10:46	+5,660 BTC (3,875,611.63 USD)	62,724 BTC	$42,949,446 @ $684.74		$3,860,018
436099	2016-10-27 17:02:27	+15,000 BTC (10,269,839.01 USD)	57,064 BTC	$39,069,206 @ $684.66		$3,855,390
436096	2016-10-27 16:15:38	+100 BTC (68,465.59 USD)	42,064 BTC	$28,799,367 @ $684.66		$3,855,390
432030	2016-09-29 14:52:09	+6,704 BTC (4,050,827.22 USD)	41,964 BTC	$25,356,341 @ $604.24		$480,830
432028	2016-09-29 14:46:16	+15,000 BTC (9,063,608.05 USD)	35,260 BTC	$21,305,514 @ $604.24		$480,830
432025	2016-09-29 14:28:05	+10 BTC (6,042.4 USD)	20,260 BTC	$12,241,909 @ $604.24		$480,830
426660	2016-08-24 22:20:44	+20,000 BTC (11,609,913.91 USD)	20,250 BTC	$11,755,038 @ $580.5		$1
426657	2016-08-24 22:07:47	+250 BTC (145,123.92 USD)	250 BTC	$145,124 @ $580.5		$1
426643	2016-08-24 20:48:26	-0.9993544 BTC (581.46 USD)	0 BTC	$0 @ $581.84		$1
426482	2016-08-23 17:09:04	+0.9993544 BTC (580.88 USD)	0.9993544 BTC	$581 @ $581.06	1번	$0

479768	2017-08-09 15:03:30	-36,704 BTC (124,535,020.41 USD)	53,000.00672854 BTC
479699	2017-08-09 02:20:56	-15,000 BTC (50,805,073.74 USD)	89,704.00672854 BTC
479691	2017-08-09 00:29:22	-19,110 BTC (64,308,572.4 USD)	104,704.00672854 BTC
479690	2017-08-09 00:14:58	-364 BTC (1,224,925.19 USD)	123,814.00672854 BTC

2번

593475	2019-09-06 13:40:13	-0.00518255 BTC (55.69 USD)	0 BTC
593468	2019-09-06 12:30:05	-53,000.01223009 BTC (566,222,978.33 USD)	0.00518255 BTC
590420	2019-08-17 04:49:19	+0.0001 BTC (1.04 USD)	53,000.01741264 BTC
589908	2019-08-13 18:00:44	+0.00333333 BTC (37.68 USD)	53,000.01731264 BTC
586651	2019-07-23 19:25:59	+0.00000547 BTC (0.05 USD)	53,000.01397931 BTC

3번

593475	2019-09-06 13:40:13	+0.61840334 BTC (6,644.62 USD)	94,505.75305482 BTC
593468	2019-09-06 12:30:05	+94,505.13465148 BTC (1,009,640,876.64 USD)	94,505.13465148 BTC

4번

835854	2024-03-23 10:30:08	-94,504.03465148 BTC (6,056,937,546.87 USD)	1.30967329 BTC

5번

Bitinfocharts 데이터

A, B 고래라고 지칭하고 살펴보자.

1) A 고래는 2016년 8월~11월까지 약 12만 개(빨간색 박스)의 비트코인을 매수하고 지갑에 보관하고 있었다.(1번 사진)

2) 약 1년 뒤(2017년) 약 7만 개의 비트코인을 매도하고, 다시 2년 뒤(2019년) 남은 5만 3천 개의 비트코인을 매도했다.(2번, 3번 사진)

3) A 고래에게 비트코인을 매수한 새로운 고래 B는 약 9만 4천 개의 비트코인을 보유하고 있다가, 약 5년(2024년) 만에 비트코인을 매도했다.(4번, 5번 사진)

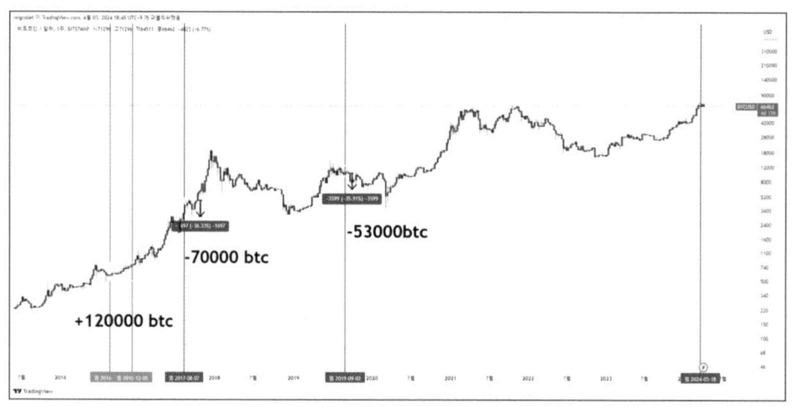

가격 차트에 대입하면 상관관계를 확인할 수 있다.

1) A 고래가 12만 개를 매수한 2016년 이후 비트코인 가격이 본격적으로 상승했다.

2) A 고래가 매도한 구간(2017년, 2019년)에는 가격이 30% 이상 하락했다.

우리는 A, B 고래를 실전 투자에서 활용할 수 있다.

2024년 3월 23일, 약 5년 만에 B 고래의 매도 움직임이 나타났다.(5번 사진) 과거 움직임을 참고한다면, 가격 조정이 나타나는 시기와 구간이라고 판단할 수 있다. 만약 크게 하락하지 않는다면, 횡보를 길게 만드는 기간 조정 가능성이 높다고 기준을 설정할 수 있다.

2) 분기 관점에서 투자하는 고래

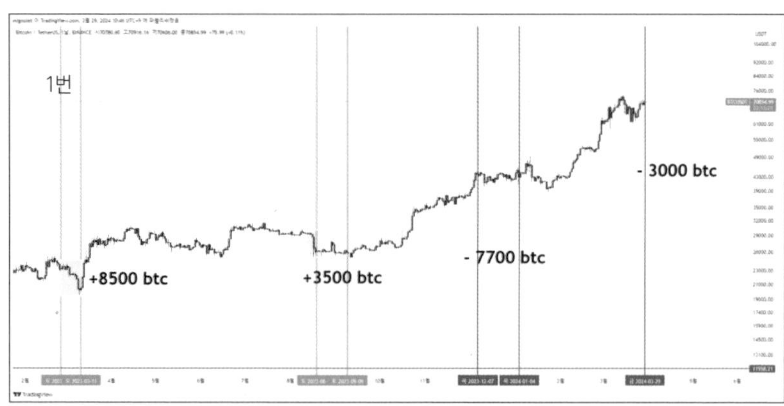

780194	2023-03-11 07:03:58	+111.77 BTC (2,245,340.1 USD)
780063	2023-03-10 07:07:38	+1,261.96 BTC (25,674,319.02 USD)
779902	2023-03-09 01:21:13	+6,799.72 BTC (150,347,398.49 USD)
779793	2023-03-08 06:41:21	+77.69 BTC (1,714,420.77 USD)
779185	2023-03-04 07:05:15	+262.77 BTC (5,851,706.82 USD)
778159	2023-02-25 06:55:43	+77.11 BTC (1,781,042.68 USD)

806765	2023-09-09 02:07:17	+1,500 BTC (38,728,196.11 USD)
803802	2023-08-19 06:22:55	+1,500 BTC (39,128,406.42 USD)
796594	2023-07-01 02:49:17	+500 BTC (15,214,041.89 USD)

824205	2024-01-04 06:04:46	-500.54109458 BTC (21,439,543.5 USD)
820182	2023-12-08 06:32:29	+0.00167191 BTC (72.48 USD)
820180	2023-12-08 06:12:09	-7,239.00167191 BTC (313,839,434.71 USD)

836686	2024-03-29 01:25:41	-3,000.00028971 BTC (212,084,604.8 USD)

Bitinfocharts 데이터

A, B 고래와는 달리, 분기 단위로 비트코인을 투자하고 있다.

C 고래라고 지칭하고 1번 사진을 살펴보자.

1) C 고래는 비트코인 가격 2만 달러~2만 5천 달러 구간에서 약 12,000개의 비트코인을 배수했다.(초록색 선)

2) 이후 비트코인 현물 ETF 승인(1월 11일) 전 약 7,700개의 비트코인을 매도하고, 24년 3월 29일에 3,000개의 비트코인을 매도했다.(빨간색 선)

단순히 고래의 움직임을 재미로 분석하는 게 아니라, 이를 통해 우리는 C 고래를 실전 투자 관점에서 활용할 수 있다.

분명 C 고래가 매수한 구간 이후, 가격이 하락하지 않고 있다. C 고래가 비트코인을 다시 매수한다면, 추가 하락 가능성이 작다고 볼 수 있다.

우리는 실전 상황에서 다양한 온체인 데이터를 종합적으로 활용할 것이고, C 고래까지 다시 매수하게 된다면, 그 가격 구간은 굉장히 좋은 매수 포인트가 될 수 있다.

2부

차트 투자 기법

THE SECRETS OF A GIANT'S BITCOIN INVESTMENT

1장

투자의 시작
- 캔들과 추세

차트 투자의 기본이자 가장 중요한 개념은 캔들과 추세다. 대부분 여기서 파생되어 만들어진 기법이기 때문에, 캔들과 추세를 정확하게 이해한다면 이후에 배우게 될 패턴은 쉽게 이해하고 활용할 수 있다. 캔들 패턴이 어떻게 만들어지고, 추세선을 어떻게 긋는지 배워보도록 하자.

1. 투자의 절대적 기초 1 – 캔들의 이해

2. 투자의 절대적 기초 2 – 추세선의 이해

3. 시장의 흐름은 추세선에서 시작된다

1.

투자의 절대적 기초 1

캔들의 이해

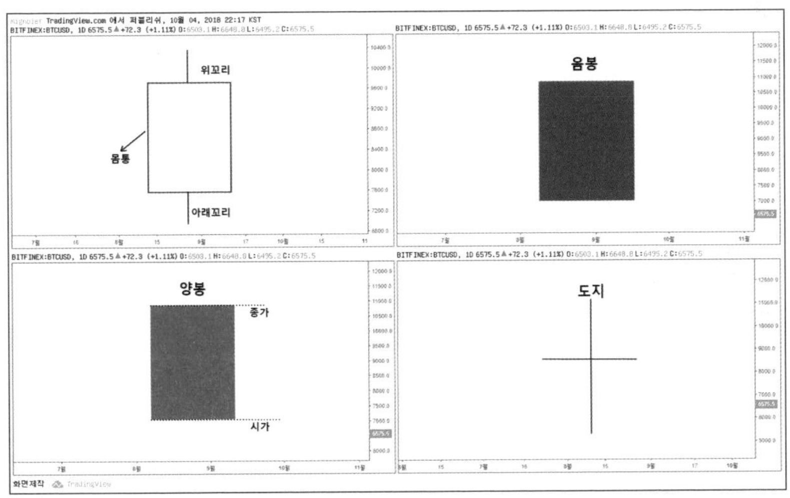

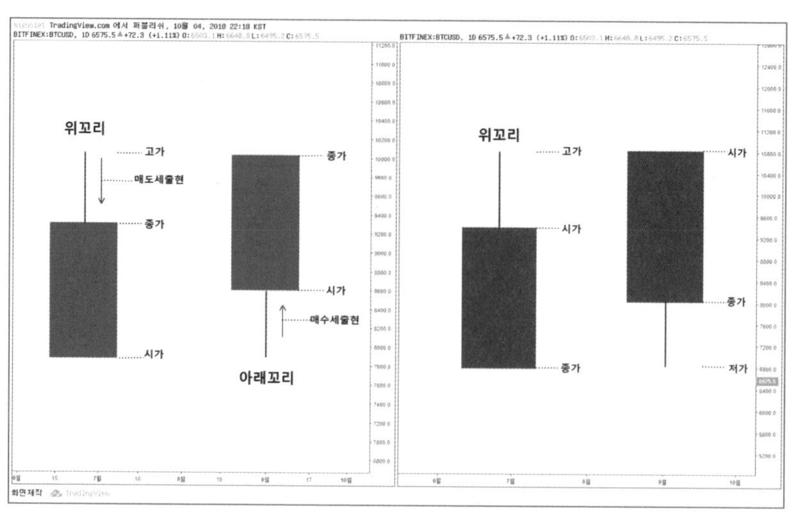

1) 캔들의 구성

시가: 장이 시작될 때 처음 거래 가격

종가: 장이 끝날 때 거래된 최종 가격

양봉: 시가보다 종가가 높게 끝난 경우

음봉: 시가보다 종가가 낮게 끝난 경우

도지: 시가와 종가가 균형을 이루는 경우

몸통: 몸통은 양봉(빨강), 음봉(파랑)으로 구성된다.

시가보다 종가가 올랐을 때 → 양봉

시가보다 종가가 떨어졌을 때 → 음봉

꼬리: 장중에 시가나 종가를 벗어난 가격에 이르는 경우

위 꼬리는 양봉일 때 종가보다 높았던 가격, 음봉일 때 시가보다 높았던 가격
아래 꼬리는 양봉일 때 시가보다 더 떨어졌던 가격, 음봉일 때 종가보다 더 낮았던 가격

2) 캔들 패턴

간단하게 상승/하락 관점에서 어떠한 캔들 패턴이 있는지 살펴보고, 자세한 부분은 5장 '투자의 기준이 되는 다양한 캔들 패턴'에서 다루도록 하겠다.

1) 상승 반전을 예상해 볼 수 있는 캔들 패턴

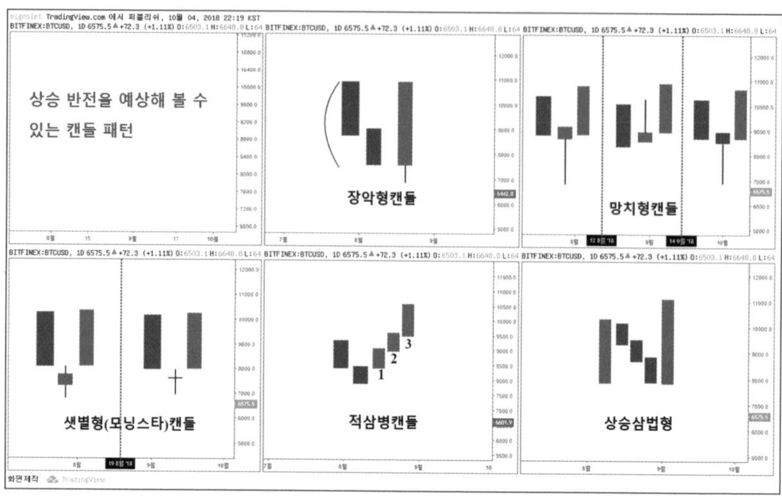

2) 하락 반전을 예상해 볼 수 있는 캔들 패턴

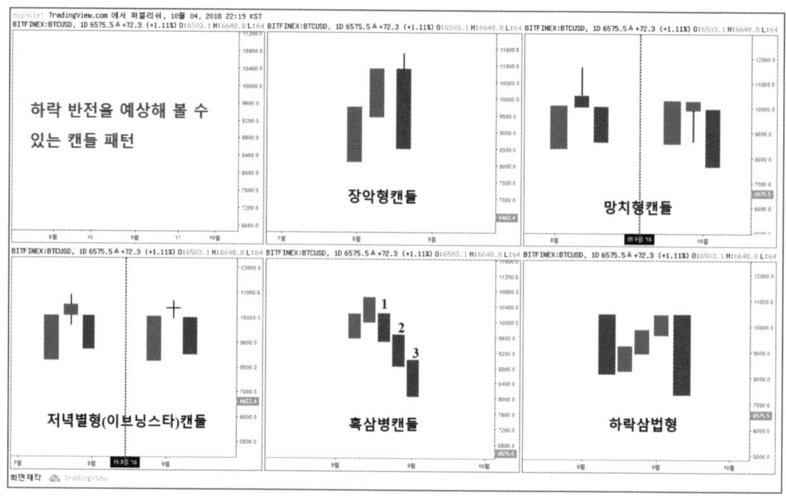

2.

투자의 절대적 기초 2

추세선의 이해

추세의 종류
– 상승 추세선, 하락 추세선, 수평 추세선

추세는 방향(상승, 하락, 횡보)을 잡으면 한 방향으로 움직이려는 속성이 있으며, 이러한 추세는 쉽게 변하지 않는다.

추세선만 잘 긋더라도 매매하는 데 상당한 도움이 될 수 있을 정도로 중요하며, 필자 또한 항상 매매 전략에 활용하고 있다.

추세선은 두 개 이상의 접점을 연결하여 만들어진 선이며 만나는 기준이 많을수록 신뢰도는 높아진다. 추세선은 상승 추세선, 하락 추세선, 수평 추세선으로 분류해 볼 수 있는데 지금부터 추세선의 모양과 긋는 방법을 알아보자

3.

시장의 흐름은 추세선에서 시작된다

추세선 긋기

1) 추세선 긋는 기준

캔들 종가 기준(예시 1), 캔들 꼬리 기준(예시 2), 종가와 꼬리가 복합적인 기준(예시 3)의 추세선이 있다. 추세선은 절대적인 정답이 없는 본인이 생각이 들어가는 주관적인 선이기 때문에, 사진의 예시처럼 다양하게 추세선을 그어 보길 바란다. 많이 긋고 경험하다 보면 시장의 추세가 틀에 맞춰진 것처럼 나타나는 추세가 거의 없다는 것을 알 수 있다.

예시 1 캔들 종가 기준

예시 2 캔들 꼬리 기준

예시 3 종가와 꼬리가 복합적인 기준

2) 매물대

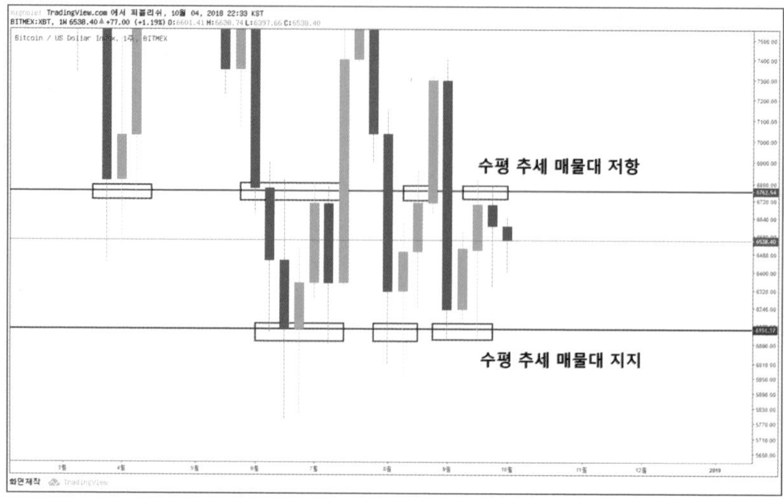

수평 추세선이지만 거래가 집중적으로 이루어지는 구간을 매물대라고 표현한다.

매수/매도의 거래량이 많이 쌓인 가격대라 생각하면 된다. 가격 차트가 매물대를 상방 돌파하는 경우, 돌파된 매물대는 지지 역할을 한다. 반대로 매물대를 하방 이탈하는 경우, 이탈된 매물대는 저항 역할을 한다.

거래가 집중된 수평 추세 구간을 잘 활용한다면 실전 투자 전략에 큰 도움이 된다.

2장

투자의 기준이 되는 다양한 차트 패턴

필자가 설명하는 패턴은 수많은 패턴 중에 가장 많이 통용되는 패턴이다. 다른 투자 기법과 마찬가지로 패턴에도 정답이 없다. 기본적인 패턴을 공부하고 본인만의 패턴을 찾거나 응용할 수 있다. 차트 패턴은 예상할 수 있는 상승, 하락 구간을 설정할 수 있다. 하지만 실전 매매에 접목했을 때 생각보다 확률이 높지 않다. 맹목적으로 활용한다면 편향적인 사고로 인해, 오히려 투자에 독이 될 수 있다. 기본적인 패턴에 대한 설명과 실전 활용 방법을 살펴보고 마지막에는 어떻게 하면 유연하게 패턴을 활용할 수 있는지 알아보자.

1. 가격이 수렴한다면 변동성이 곧 시작된다
2. 다시 시작되기 전 잠시 쉬어 가는 구간
3. 새로운 반전을 위한 시간이 필요하다
4. 비슷한 패턴이 반복된다면 다시 일어난다
5. 시장의 움직임에는 정답이 없다

1.

가격이 수렴한다면 변동성이 곧 시작된다

수렴 패턴

들어가기에 앞서 주의해야 할 점이 있다. 패턴이 완성되려면 추세가 먼저 나타나야 한다. 추세는 2개 이상의 만나는 접점이 필요하고 완성되기 전까지는 확인이 필요하다. 우리가 배우게 될 모든 패턴의 첫 구간은 매매 전략을 진행할 수 있는 구간이 아닌 확인이 필요한 구간으로 표시되어 있다.

이미 완성된 패턴을 보고 있기 때문에, 왜 전략을 활용하는 구간이 아닌 확인이 필요한 구간으로 표시했는지 초보 투자자들은 의아해할 수 있다. 추세가 완성되지 않았다는 점을 꼭 인지하고 패턴을 공부하자.

1) 상승 삼각형

– 상승 반전형 패턴

패턴을 활용하는 방법

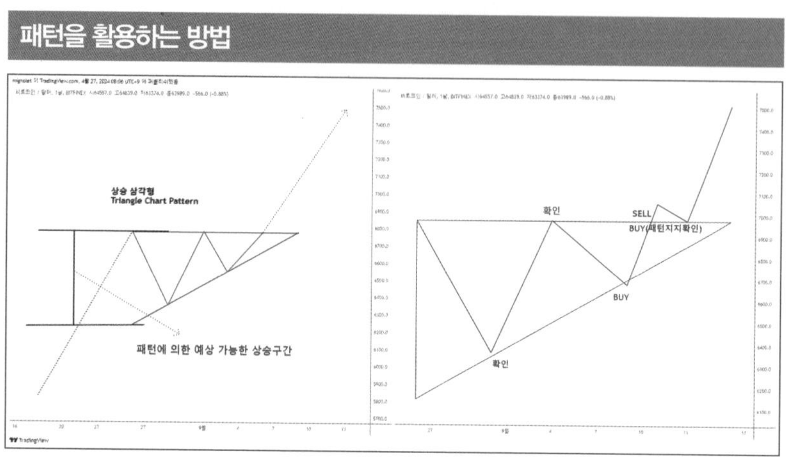

가격 차트에서 위와 같은 패턴이 발생한다면

공격적인 전략 상승 삼각형 패턴 안에서 하단 구간의 지지를 확인 후 진입, 이후 상단 구간의 저항을 받는다면 매도(단기 전략), 돌파한다면 패턴에 의한 예상 가능한 구간을 수익 실현 구간으로 설정하고 매도

안정적인 전략 상승 삼각형 상단 구간 돌파 이후 상단 구간의 지지를 받는지 확인 후 진입

패턴 단기 전략 상승 삼각형 하단 구간에서 매수, 상단 구간 저항을 받는다면 매도

실전 차트를 통한 매매 전략

공격적인 전략 상승 삼각형 하단 구간 지지 확인 후 매수 진입, 이후 상단 구간의 저항을 받는다면 매도(단기 전략), 돌파한다면 패턴에 의한 예상 가능한 구간을 수익 실현 구간으로 설정하고 매도

안정적인 전략 상승 삼각형 돌파 이후 상단 구간의 지지를 받는다면 진입해 볼 수 있겠으며, 예상 가능한 구간을 수익 실현 구간으로 설정하고 매도

실전 차트를 통한 매매 전략(응용)

첫 번째 상승 삼각형 구간에서 진입한 이후, 패턴에 의한 예상 가능한 상승 구간에서 수익 실현을 했는데, 동일한 패턴이 다시 나타나고 있다. 추세가 만들어지는 것을 확인하고 다시 진입해 볼 수 있다.

2) 하락쐐기형

– 상승 반전형 패턴

패턴을 활용하는 방법

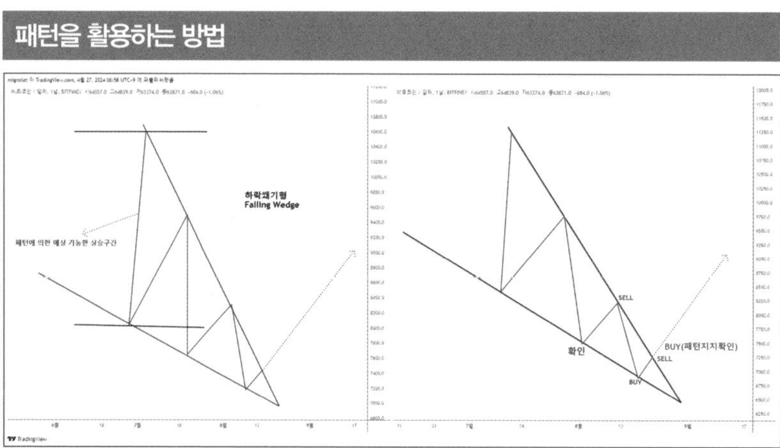

가격 차트에서 위와 같은 패턴이 발생한다면

공격적인 전략	하락쐐기형 하단 구간의 지지를 확인 후 진입
안정적인 전략	하락쐐기형 상단 구간 돌파 이후 상단 구간 지지 확인 후 진입
패턴 단기 전략	하락쐐기형 하단 구간에서 진입, 상단 구간 저항을 받는다면 매도

패턴 추세가 가파르기 때문에 추세 지지 확인에 어려움이 있다. 이동 평균선, 매물대의 지지, 보조 지표의 상승 시그널 등 복합적인 분석이 매매의 성공 확률을 높일 수 있다.

하락쐐기형 패턴은 하락 이후, 한번에 큰 상승이 나올 수 있는 대표적 패턴이다.

실전 차트를 통한 매매 전략

공격적인 전략	하락쐐기형 하단 구간에서 매수 진입, 이후 상단 구간의 저항을 받게 되면 매도(단기 전략), 돌파하면 패턴에 의한 예상 가능한 구간을 수익 실현 구간으로 설정하고 매도
안정적인 전략	하락쐐기형 돌파 이후 지지 구간에서 매수, 이후 패턴에 의한 예상 가능한 구간을 수익 실현 구간으로 설정하고 매도

3) 상승쐐기형

– 하락 반전형 패턴

패턴을 활용하는 방법

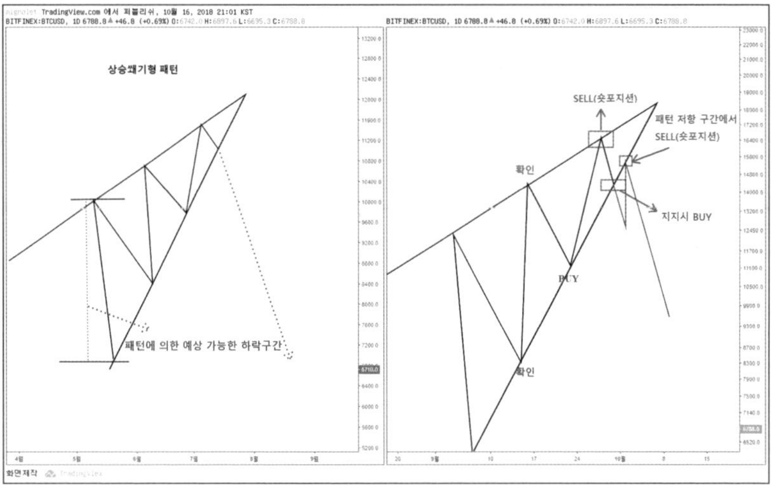

가격 차트에서 위와 같은 패턴이 발생한다면

공격적인 전략	상승쐐기형 상단의 저항 구간에서 매도(숏) 포지션 진입, 이후 하단 구간 지지를 받는다면 매도(숏) 포지션 수익 실현, 하방 이탈한다면 패턴에 의한 예상 가능한 구간을 수익 실현 구간으로 설정하고 매도

안정적인 전략

1) 상승쐐기형 하단 구간 이탈 이후 나타나는 반등이 패턴 하단 구간의 저항을 받을 때 확인 후 매도(숏) 포지션 진입, 이후 패턴에 의한 예상 가능한 구간을 수익 실현 구간으로 설정하고 매도

2) 이미 이전 구간에서 매수를 한 상황이라면 상승쐐기형 패턴이 나타나고 하단 구간을 이탈할 때 수익 실현을 해야 한다. 물론 단기 매매를 한다면 패턴 안에서의 상승, 하락 구간을 활용할 수 있지만, 추가 상승이 진행되고 있는 상황에서 패턴이 완성되기도 전에 가능성을 보고 매도를 하는 건, 패턴을 활용하는 매매가 아니다. 상방이든, 하방이든 돌파해야 패턴의 완성이다.

| 주의 |

하락 가능성을 열어두는 패턴이라도 반대로 상승할 수 있다. 그렇기 때문에 추세가 진행되고 있는 상황에서 패턴을 활용하는 매매를 한다면 반드시 이탈 여부를 확인해야 한다.

패턴 단기 전략 상승쐐기형 하단 구간의 지지 시 매수, 상단 구간 저항 시 매도

| 주의 |

이론상으로 단기 전략을 사용할 수 있다. 하지만 기본적으로 하락 가능성이 높은 차트 패턴이기 때문에, 상승 전략을 활용하는 건 매우 위험한 전략일 수 있다. 다른 하락 반전형 패턴 또한 동일하다.

실전 차트를 통한 매매 전략

공격적인 전략

상승쐐기형 상단의 저항 구간에서 매도(숏) 포지션 진입, 이후 하단 구간 지지를 받는다면 매도(숏) 포지션 수익 실현, 하방 이탈한다면 패턴에 의한 예상 가능한 구간을 수익 실현 구간으로 설정하고 매도

안정적인 전략

이탈 이후 반등 움직임이 나타나지 않아, 안정적인 매매 전략을 진행할 수 없는 차트

실전 차트를 통한 매매 전략

공격적인 전략

상승쐐기형 상단 저항 구간에서 매도(숏) 포지션 진입, 이후 하단 구간 지지를 받는다면 매도(숏) 포지션 수익 실현, 하방 이탈한다면 패턴에 의한 예상 가능한 구간을 수익 실현 구간으로 설정하고 매도

안정적인 전략

상승쐐기형 하단 구간 이탈 이후, 나타나는 반등이 패턴 하단 구간의 저항을 받을 때 확인 후 매도(숏) 포지션 진입, 이후 패턴에 의한 예상 가능한 구간을 수익 실현 구간으로 설정하고 매도

4) 하락 삼각형

– 하락 반전형 패턴

패턴을 활용하는 방법

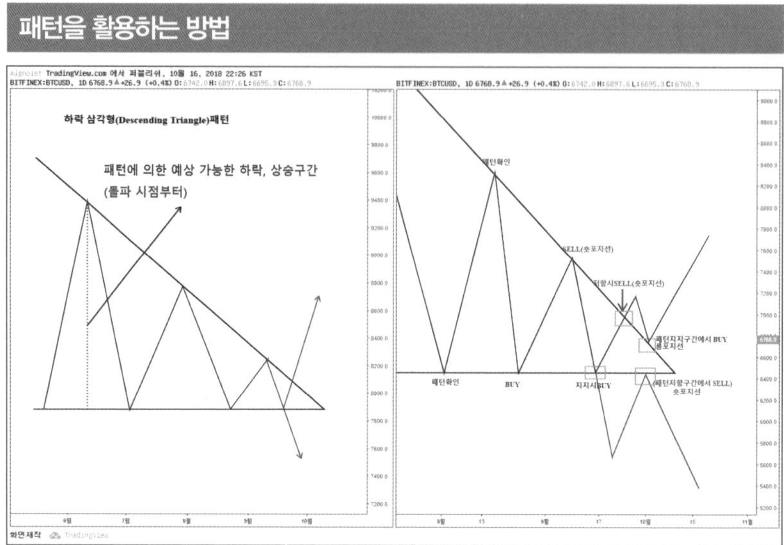

가격 차트에서 위와 같은 패턴이 발생한다면

공격적인 전략 하락 삼각형 상단의 저항 구간에서 매도(숏) 포지션 진입, 이후 하단 구간 지지를 받는다면 매도(숏) 포지션 수익 실현, 하방 이탈한다면 패턴에 의한 예상 가능한 구간을 수익 실현 구간으로 설정하고 매도

안정적인 전략 하락 삼각형 하단 구간 이탈 이후, 나타나는 반등이 패턴 하단 구간의 저항을 받을 때 확인 후 매도(숏) 포지션 진입, 이후 패턴에 의한 예상 가능한 구간을 수익 실현 구간으로 설정하고 매도

| 주의 |

하락 가능성이 높은 패턴이지만 반대로 상방으로 돌파하게 된다면, 마찬가지로 상단 구간의 지지를 확인 후 매수(롱) 포지션을 진입할 수 있다.

실전 차트를 통한 매매 전략

공격적인 전략	하락 삼각형 상단의 저항 구간에서 매도(숏) 포지션 진입, 이후 하단 구간 지지를 받는다면 매도(숏) 포지션 수익 실현, 하방 이탈한다면 패턴에 의한 예상 가능한 구간을 수익 실현 구간으로 설정하고 매도
안정적인 전략	하락 삼각형 하단 구간 이탈 이후, 나타나는 반등이 패턴 하단 구간의 저항을 받을 때 확인 후 매도(숏) 포지션 진입, 이후 패턴에 의한 예상 가능한 구간을 수익 실현 구간으로 설정하고 매도

5) 삼각 수렴 패턴

– 중립 패턴

패턴을 활용하는 방법

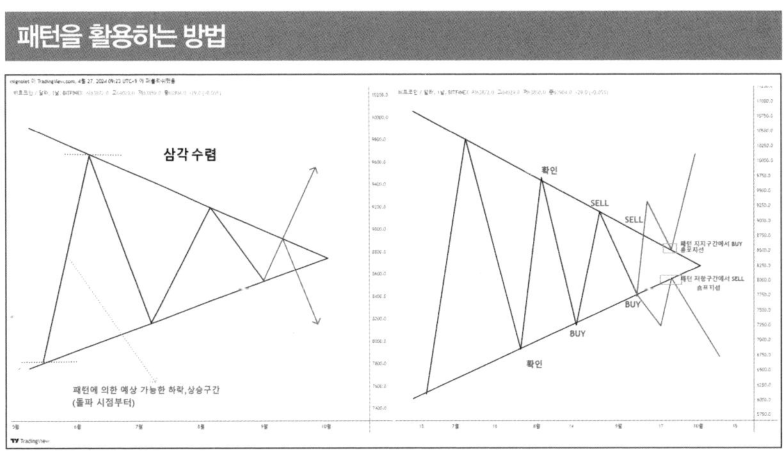

가격 차트에서 위와 같은 패턴이 발생한다면

패턴 단기 전략	삼각 수렴 패턴 안에서 하단 구간의 지지 확인 후 매수(롱), 패턴 상단 저항 구간에서 매도(숏)

가격의 변동성이 크고, 수렴 구간 기간이 길어진다면, 수익률이 높은 매매 구간이 될 수 있다.

1) 상승 매매 전략

공격적인 전략 수렴 패턴 하단의 지지 구간에서 매수(롱) 진입, 이후 상단 구간의 저항을 받는다면 매수(롱) 포지션 수익 실현, 상방 돌파한다면 패턴에 의한 예상 가능한 구간을 수익 실현 구간으로 설정하고 매도

안정적인 전략 수렴 패턴 돌파 이후 지지 구간에서 매수(롱) 포지션 진입, 이후 패턴에 의한 예상 가능한 구간을 수익 실현 구간으로 설정하고 매도

2) 하락 매매 전략

공격적인 전략 수렴 패턴 상단의 저항 구간에서 매도(숏) 포지션 진입, 이후 하단 구간 지지를 받는다면 매도(숏) 포지션 수익 실현, 하방 이탈한다면 패턴에 의한 예상 가능한 구간을 수익 실현 구간으로 설정하고 매도

안정적인 전략 수렴 패턴 하단 구간 이탈 이후, 나타나는 반등이 패턴 하단 구간의 저항을 받을 때 확인 후 매도(숏) 포지션 진입, 이후 패턴에 의한 예상 가능한 구간을 수익 실현 구간으로 설정하고 매도

실전 차트를 통한 매매 전략

공격적인 전략 수렴 패턴 하단의 지지 구간에서 매수(롱) 진입, 이후 상단 구간의 저항을 받는다면 매수(롱) 포지션 수익 실현, 상방 돌파한다면 패턴에 의한 예상 가능한 구간을 수익 실현 구간으로 설정하고 매도

안정적인 전략 돌파 이후 지지 움직임이 나타나지 않아, 안정적인 매매 전략을 진행할 수 없는 차트

실전 차트를 통한 매매 전략

공격적인 전략 수렴 패턴 상단의 저항 구간에서 매도(숏) 포지션 진입, 이후 하단 구간 지지를 받는다면 매도(숏) 포지션 수익 실현, 하방 이탈한다면 패턴에 의한 예상 가능한 구간을 수익 실현 구간으로 설정하고 매도

안정적인 전략 수렴 패턴 하단 구간 이탈 이후, 나타나는 반등이 패턴 하단 구간의 저항을 받을 때 확인 후 매도(숏) 포지션 진입, 이후 패턴에 의한 예상 가능한 구간을 수익 실현 구간으로 설정하고 매도

2.

다시 시작되기 전 잠시 쉬어 가는 구간

플래그형

1) 하락 플래그

– 상승 반전형 패턴

패턴을 활용하는 방법

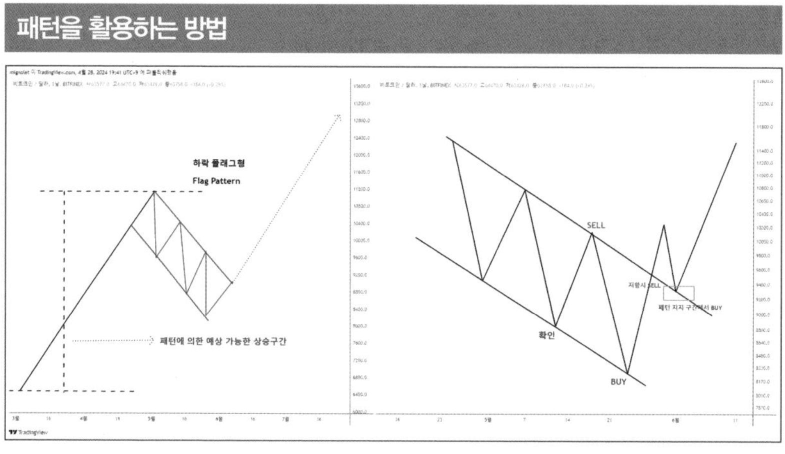

가격 차트에서 앞과 같은 패턴이 발생한다면

공격적인 전략	하락 플래그형 하단 지지 구간에서 매수(롱) 진입, 이후 상단 구간의 저항을 받는다면 매수(롱) 포지션 수익 실현, 상방 돌파한다면 패턴에 의한 예상 가능한 구간을 수익 실현 구간으로 설정하고 매도
안정적인 전략	하락 플래그형 상단 돌파 이후 지지 구간에서 매수, 이후 패턴에 의한 예상 가능한 구간을 수익 실현 구간으로 설정하고 매도

실전 차트를 통한 매매 전략

공격적인 전략 하락 플래그형 하단 지지 구간에서 매수(롱) 진입, 이후 상단 구간의 저항을 받는다면 매수(롱) 포지션 수익 실현, 상방 돌파한다면 패턴에 의한 예상 가능한 구간을 수익 실현 구간으로 설정하고 매도

안정적인 전략 돌파 이후 지지 움직임이 나타나지 않아, 안정적인 매매 전략을 진행할 수 없는 차트

실전 차트를 통한 매매 전략

공격적인 전략 하락 플래그형 하단의 지지 구간에서 매수(롱) 진입, 이후 상단 구간의 저항을 받는다면 매수(롱) 포지션 수익 실현, 상방 돌파한다면 패턴에 의한 예상 가능한 구간을 수익 실현 구간으로 설정하고 매도

안정적인 전략 하락 플래그형 돌파 이후 지지 구간에서 매수, 이후 패턴에 의한 예상 가능한 구간을 수익 실현 구간으로 설정하고 매도

2) 상승 플래그

– 하락 반전형 패턴

패턴을 활용하는 방법

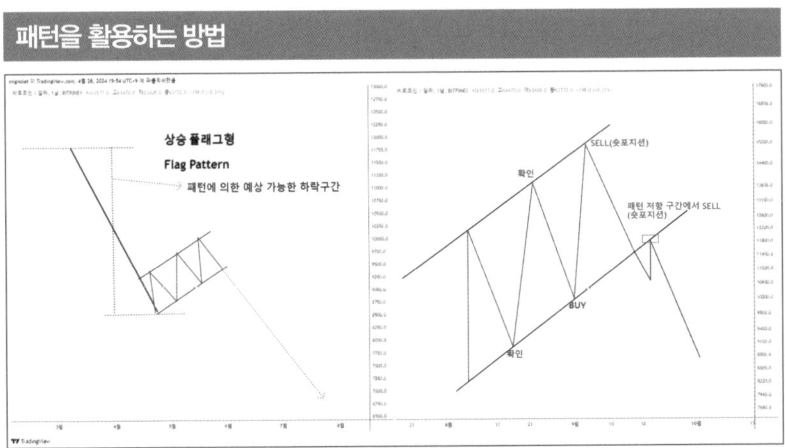

가격 차트에서 위와 같은 패턴이 발생한다면

공격적인 전략	상승 플래그형 상단 저항 구간에서 매도(숏) 포지션 진입, 이후 하단 구간 지지를 받는다면 매도(숏) 포지션 수익 실현, 하방 이탈한다면 패턴에 의한 예상 가능한 구간을 수익 실현 구간으로 설정하고 매도

안정적인 전략 상승 플래그형 하단 구간 이탈 이후, 나타나는 반등이 패턴 하단 구간의 저항을 받을 때 확인 후 매도(숏) 포지션 진입, 이후 패턴에 의한 예상 가능한 구간을 수익 실현 구간으로 설정하고 매도

실전 차트를 통한 매매 전략

공격적인 전략 상승 플래그형 상단의 저항 구간에서 매도(숏) 포지션 진입, 이후 하단 구간 지지를 받는다면 매도(숏) 포지션 수익 실현, 하방 이탈한다면 패턴에 의한 예상 가능한 구간을 수익 실현 구간으로 설정하고 매도

안정적인 전략 이탈 이후 반등 움직임이 나타나지 않아, 안정적인 매매 전략을 진행할 수 없는 차트

실전 차트를 통한 매매 전략

공격적인 전략	상승 플래그형 상단의 저항 구간에서 매도(숏) 포지션 진입, 이후 하단 구간 지지를 받는다면 매도(숏) 포지션 수익 실현, 하방 이탈한다면 패턴에 의한 예상 가능한 구간을 수익 실현 구간으로 설정하고 매도
안정적인 전략	이탈 이후 반등 움직임이 나타나지 않아, 안정적인 매매 전략을 진행할 수 없는 차트

3.

새로운 반전을 위한 시간이 필요하다

헤드엔 숄더, 더블 바텀/탑, 컵 앤 핸들

1-1) 헤드엔 숄더

- 하락 반전형 패턴

패턴을 활용하는 방법

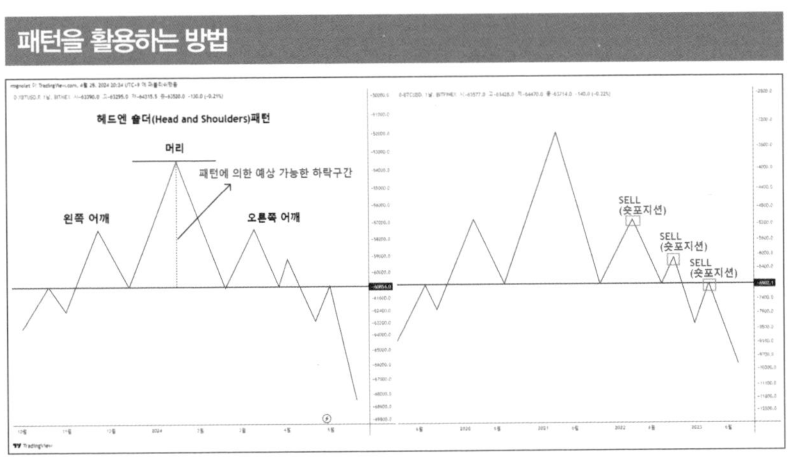

가격 차트에서 앞과 같은 패턴이 발생한다면

공격적인 전략	헤드엔 숄더 패턴 완성 후, 반등 구간 혹은 오른쪽 어깨 구간의 저항 확인 후 매도(숏) 포지션 진입, 이후 하단 구간 지지를 받는다면 매도(숏) 포지션 수익 실현, 하방 이탈한다면 패턴에 의한 예상 가능한 구간을 수익 실현 구간으로 설정하고 매도
안정적인 전략	헤드엔 숄더 패턴 하단 구간 이탈 이후, 나타나는 반등이 패턴 하단 구간의 저항을 받을 때 확인 후 매도(숏) 포지션 진입, 이후 패턴에 의한 예상 가능한 구간을 수익 실현 구간으로 설정하고 매도

실전 차트를 통한 매매 전략

공격적인 전략

헤드엔 숄더 패턴 완성 후 반등 구간에서 매도(숏) 포지션 진입, 이후 하단 구간 지지를 받는다면 매도(숏) 포지션 수익 실현, 하방 이탈한다면 패턴에 의한 예상 가능한 구간을 수익 실현 구간으로 설정하고 매도

안정적인 전략

이탈 이후 반등 움직임이 나타나지 않아, 안정적인 매매 전략을 진행할 수 없는 차트

실전 차트를 통한 매매 전략

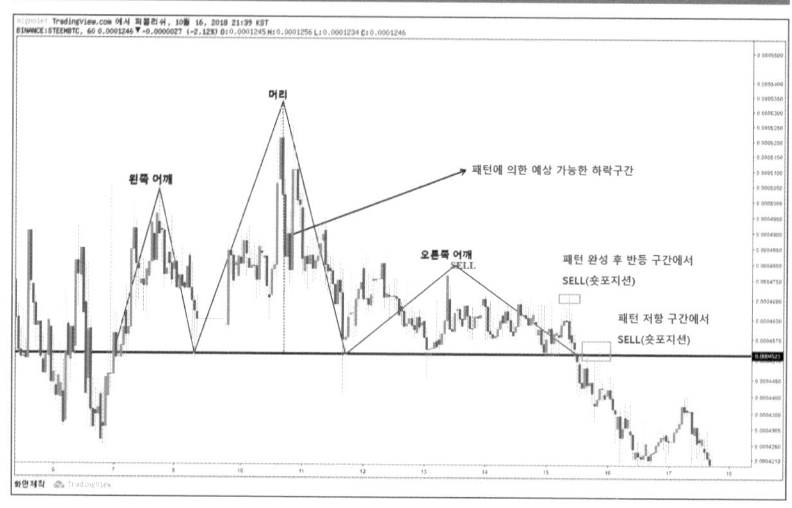

공격적인 전략	헤드엔 숄더 패턴 완성 후 반등 구간에서 매도(숏) 포지션 진입, 이후 하단 구간 지지를 받는다면 매도(숏) 포지션 수익 실현, 하방 이탈한다면 패턴에 의한 예상 가능한 구간을 수익 실현 구간으로 설정하고 매도
안정적인 전략	헤드엔 숄더 패턴 하단 구간 이탈 이후, 나타나는 반등이 패턴 하단 구간의 저항을 받을 때 확인 후 매도(숏) 포지션 진입, 이후 패턴에 의한 예상 가능한 구간을 수익 실현 구간으로 설정하고 매도

1-2) 역 헤드엔 숄더

– 상승 반전형 패턴

패턴을 활용하는 방법

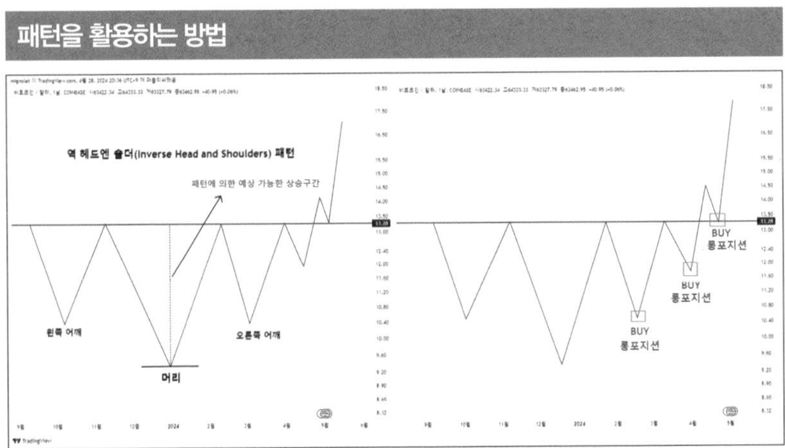

가격 차트에서 위와 같은 패턴이 발생한다면

공격적인 전략	역 헤드엔 숄더 패턴 완성 후, 하락 구간 혹은 오른쪽 어깨 구간의 지지 확인 후 매수(롱) 진입, 이후 상단 구간의 저항을 받는다면 매수(롱) 포지션 수익 실현, 상방 돌파한다면 패턴에 의한 예상 가능한 구간을 수익 실현 구간으로 설정하고 매도

| 주의 |

오른쪽 어깨 구간에서 진입하는 것은 패턴이 완성되기 전에 진입하는 것이므로, 패턴 투자 관점에서만 놓고 보면 잘못된 방법이다. 하지만 오른쪽 어깨 구간에서의 다른 신뢰도 높은 지지 기준이 발생한다면 공격적으로 진입할 수 있다.

(1-1 헤드엔 숄더 패턴 또한 동일하다)

안정적인 전략	역 헤드엔 숄더 패턴 상단 돌파 이후 지지 구간에서 매수, 이후 패턴에 의한 예상 가능한 구간을 수익 실현 구간으로 설정하고 매도

실전 차트를 통한 매매 전략

공격적인 전략

역 헤드엔 숄더 패턴 오른쪽 어깨 구간의 지지 확인 후 매수(롱) 진입, 이후 상단 구간의 저항을 받는다면 매수(롱) 포지션 수익 실현, 상방 돌파한다면 패턴에 의한 예상 가능한 구간을 수익 실현 구간으로 설정하고 매도

안정적인 전략

역 헤드엔 숄더 패턴 돌파 이후 지지 구간에서 매수, 이후 패턴에 의한 예상 가능한 구간을 수익 실현 구간으로 설정하고 매도

실전 차트를 통한 매매 전략

공격적인 전략

역 헤드엔 숄더 패턴 오른쪽 어깨 구간의 지지 확인 후 매수(롱) 진입, 이후 상단 구간의 저항을 받는다면 매수(롱) 포지션 수익 실현, 상방 돌파한다면 패턴에 의한 예상 가능한 구간을 수익 실현 구간으로 설정하고 매도

오른쪽 어깨 지점을, 추세선을 활용하여 매매 기준으로 설정할 수 있다.

안정적인 전략

역 헤드엔 숄더 패턴 돌파 이후 지지 구간에서 매수, 이후 패턴에 의한 예상 가능한 구간을 수익 실현 구간으로 설정하고 매도

추세선을 이용한 오른쪽 어깨 저점 지지에 대한 차트를 확대한 이미지

우리는 1장에서 가볍게 배운 캔들 패턴(망치형 캔들)을 활용하여 매매에 접목할 수 있다. 추세선의 지지 그리고 상승 반전형 캔들(망치형 캔들)까지 나타나고 있다. 그렇기 때문에 오른쪽 어깨 지지 가능성에 대한 신뢰도는 올라간다.

2-1) 더블 바텀(쌍 바닥)

– 상승 반전형 패턴

패턴을 활용하는 방법

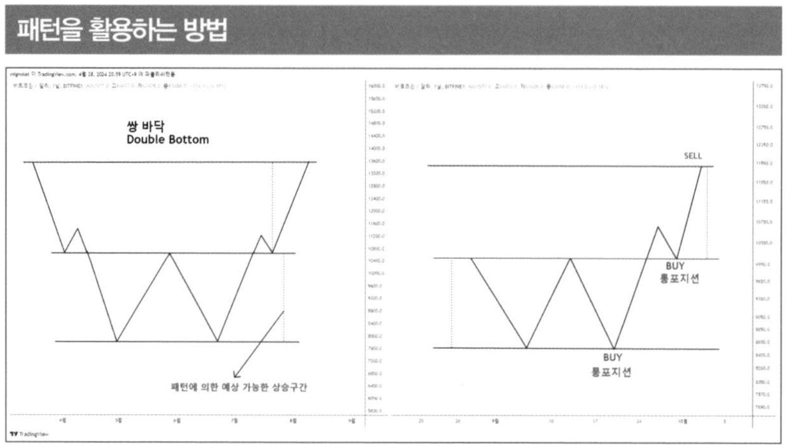

가격 차트에서 위와 같은 패턴이 발생한다면

공격적인 전략

쌍 바닥 패턴 완성 후, 하락 구간 혹은 두 번째 구간의 지지 확인 후 매수(롱) 진입, 이후 상단 구간의 저항을 받는다면 매수(롱) 포지션 수익 실현, 상방 돌파한다면 패턴에 의한 예상 가능한 구간을 수익 실현 구간으로 설정하고 매도

| 주의 |

쌍 바닥 패턴 두 번째 구간에서 진입하는 것은 패턴이 완성되기 전에 진입하는 것이므로, 패턴 투자 관점에서만 놓고 보면 잘못된 방법이다. 하지만 두 번째 구간에서 다른 신뢰도 높은 지지 기준이 발생한다면, 공격적으로 진입할 수 있다.

안정적인 전략 쌍 바닥 패턴 상단 돌파 이후 지지 구간에서 매수, 이후 패턴에 의한 예상 가능한 구간을 수익 실현 구간으로 설정하고 매도

실전 차트를 통한 매매 전략

안정적인 전략

쌍 바닥 패턴 상단 돌파 이후 지지 구간에서 매수, 이후 패턴에 의한 예상 가능한 구간을 수익 실현 구간으로 설정하고 매도

실전 차트를 통한 매매 전략

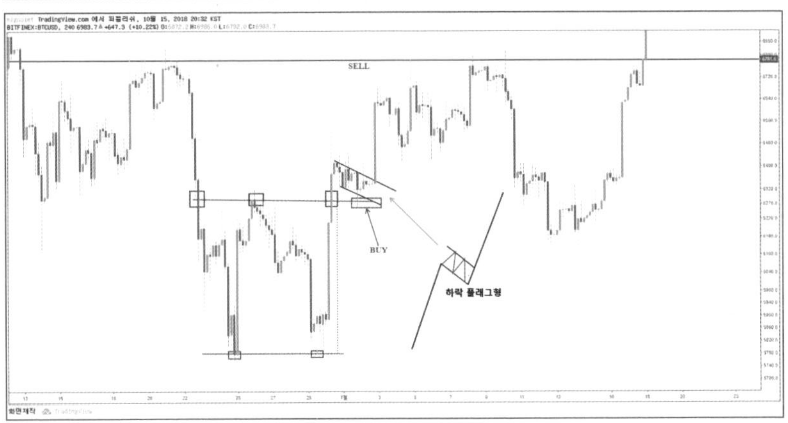

안정적인 전략 쌍 바닥 패턴 상단 돌파 이후 지지 구간에서 매수, 이후 패턴에 의한 예상 가능한 구간을 수익 실현 구간으로 설정하고 매도

패턴 완성 및 돌파 이후, 지지 구간에서 앞에서 배운 하락 플래그 패턴이 나타나고 있다. 쌍 바닥 패턴 상단 구간과 하락 플래그 패턴 하단 구간의 지지가 겹치는 구간이다. 그렇기 때문에 지지 가능성의 신뢰도가 매우 높다.

2-2) 더블 탑(쌍봉)

– 하락 반전형 패턴

패턴을 활용하는 방법

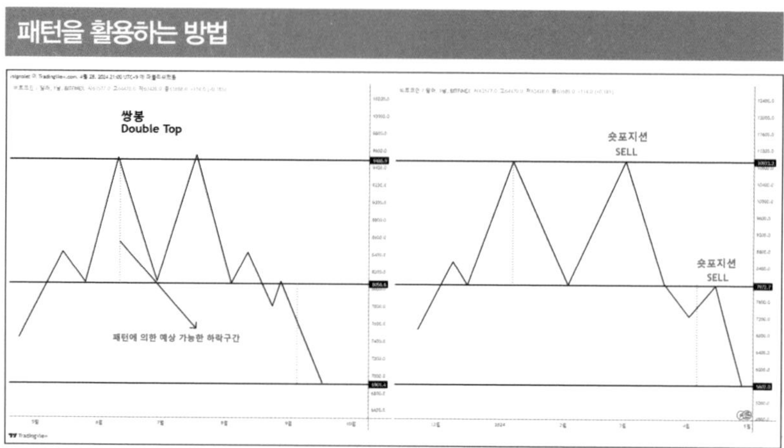

가격 차트에서 위와 같은 패턴이 발생한다면

공격적인 전략

더블 탑 패턴 완성 후, 반등 구간 혹은 두 번째 구간의 저항 확인 후 매도(숏) 포지션 진입, 이후 하단 구간의 지지를 받는다면 매도(숏) 포지션 수익 실현, 하방 돌파한다면 패턴에 의한 예상 가능한 구간을 수익 실현 구간으로 설정하고 매도

| 주의 |

더블 탑 패턴 두 번째 구간에서 진입하는 것은 패턴이 완성되기 전에 진입하는 것이므로, 패턴 투자 관점에서만 놓고 보면 잘못된 방법이다. 하지만 두 번째 구간에서 다른 신뢰도 높은 저항 기준이 발생한다면 공격적으로 진입할 수 있다.

안정적인 전략	더블 탑 패턴 하단 구간 이탈 이후, 나타나는 반등이 패턴 하단 구간의 저항을 받을 때 확인 후 매도(숏) 포지션 진입, 이후 패턴에 의한 예상 가능한 구간을 수익 실현 구간으로 설정하고 매도

실전 차트를 통한 매매 전략

공격적인 전략 더블 탑 패턴 완성 후, 반등 구간 혹은 두 번째 구간의 저항 확인 후 매도(숏) 포지션 진입, 이후 하단 구간의 지지를 받는다면 매도(숏) 포지션 수익 실현, 하방 돌파한다면 패턴에 의한 예상 가능한 구간을 수익 실현 구간으로 설정하고 매도

1) 더블 탑 패턴 두 번째 구간의 저항은 앞에서 배운 상승 플래그형을 활용해 볼 수 있다.

2) 패턴 완성 후 반등 구간에서는 하락 반전형 캔들(도지형)을 활용하여 매매 기준을 설정할 수 있다.

안정적인 전략 더블 탑 패턴 하단 구간 이탈 이후, 나타나는 반등이 패턴 하단 구간의 저항을 받을 때 확인 후 매도(숏) 포지션 진입, 이후 패턴에 의한 예상 가능한 구간을 수익 실현 구간으로 설정하고 매도

3) 컵 앤 핸들

– 상승 반전형 패턴

패턴을 활용하는 방법

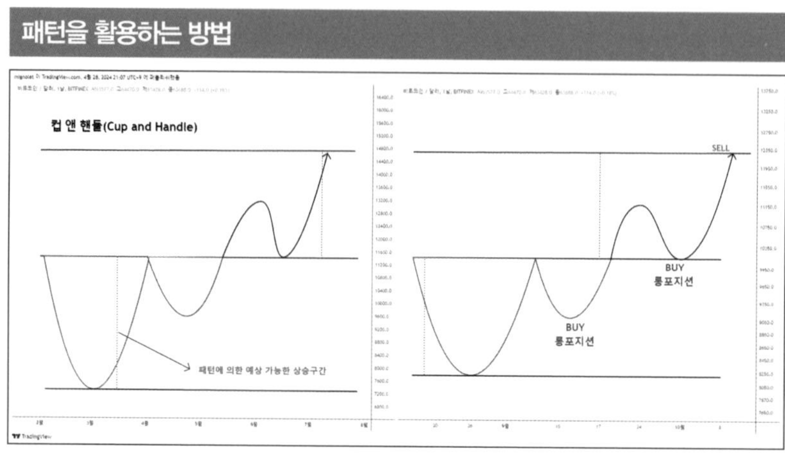

가격 차트에서 위와 같은 패턴이 발생한다면

공격적인 전략 컵 앤 핸들 패턴 핸들 구간의 지지 확인 후 매수(롱) 진입, 이후 상단 구간의 저항을 받는다면 매수(롱) 포지션 수익 실현, 상방 돌파한다면 패턴에 의한 예상 가능한 구간을 수익 실현 구간으로 설정하고 매도

| 주의 |

핸들 구간에서 진입하는 것은 패턴이 완성되기 전에 진입하는 것이므로, 패턴 투자 관점에서만 놓고 보면 잘못된 방법이다. 하지만 핸들 구간에서 다른 신뢰도 높은 지지 기준이 발생한다면 공격적으로 진입할 수 있다.

안정적인 전략 컵 앤 핸들 패턴 상단 돌파 이후 지지 구간에서 매수, 이후 패턴에 의한 예상 가능한 구간을 수익 실현 구간으로 설정하고 매도

실전 차트를 통한 매매 전략

안정적인 전략

컵 앤 핸들 패턴 상단 돌파 이후 지지 구간에서 매수, 이후 패턴에 의한 예상 가능한 구간을 수익 실현 구간으로 설정하고 매도

실전 차트를 통한 매매 전략

공격적인 전략 컵 앤 핸들 패턴 핸들 구간의 지지 확인 후 매수(롱) 진입, 이후 상단 구간의 저항을 받는다면 매수(롱) 포지션 수익 실현, 상방 돌파한다면 패턴에 의한 예상 가능한 구간을 수익 실현 구간으로 설정하고 매도

앞에서 배운 상승 삼각형 패턴을 활용하여 패턴이 완성되기 전 핸들 구간에서 공격적인 매수 진입을 할 수 있다.

실전 차트를 통한 매매 전략

안정적인 전략 컵 앤 핸들 패턴 상단 돌파 이후 지지 구간에서 매수, 이후 패턴에 의한 예상 가능한 구간을 수익 실현 구간으로 설정하고 매도

4.

비슷한 패턴이 반복된다면 다시 일어난다

프랙탈 패턴

프랙탈이란?

프랙탈은 특정 패턴이 반복적으로 나타나면서 부분이 전체와 일치하는 현상을 뜻하는 말이다. 즉, 특정 부분이 전체와 같고, 부분의 합이 전체가 되기도 한다. 프렉탈의 가장 큰 특징은 자기 유사성, 복잡한 구조에서도 끊임없이 반복되는 패턴에서 전체와 부분의 유사성을 발견할 수 있다는 것이다.

1) 부분이 전체와 일치

2) 자기 유사성

3) 반복되는 패턴

프랙탈 패턴은 과거에 반복된 패턴이 다시 일어날 가능성이 높다는 확률적인 관점에서 매매에 접목해 볼 수 있다. 실전 차트를 통해 알아보도록 하자.

예시 1

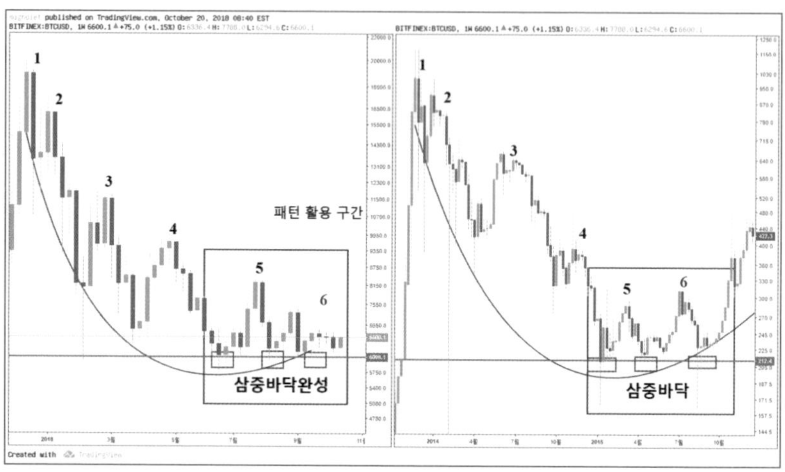

1. 하락 기간의 유사성
2. 하락 기울기 유사성
3. 5개의 저항 포인트
4. 삼중 바닥

매우 유사한 차트 패턴(프랙탈)을 통해 이후 상승 추세가 진행될 것이라는 판단을 해볼 수 있으며, 매매 기준에 접목할 수 있다.

예시 2

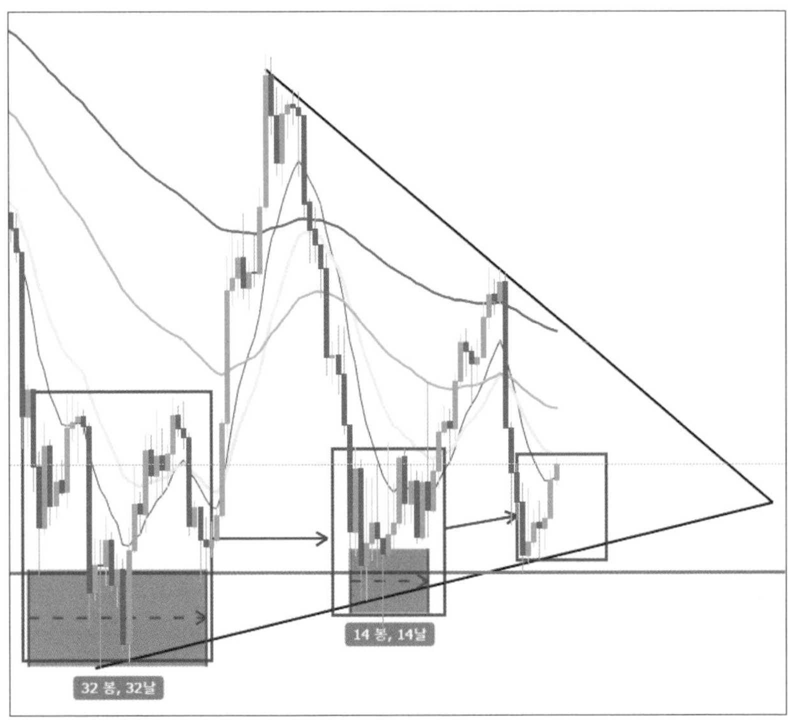

1. **수렴 패턴 하단 구간에서 반복되는 상승 반전 패턴**

2. **수렴 구간에서 줄어드는 시간(32일 → 14일 → ?)**

매우 유사한 차트 패턴(프랙탈)을 통해 세 번째 구간에서도, 짧은 시간 내에 상승 반전 패턴을 만들 가능성이 높다고 판단하고 매매에 접목할 수 있다.

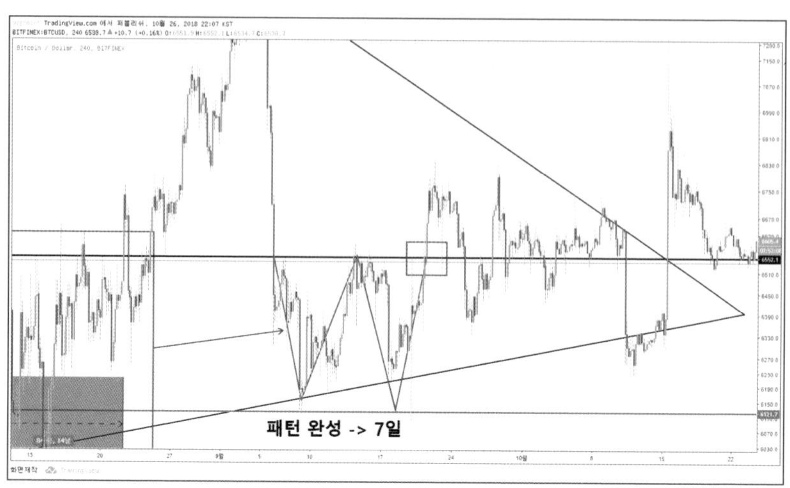

이후 기간적인 측면과(32일 → 14일 → 7일), 수렴 패턴 하단 구간에서 반복되는 상승 반전 패턴(쌍 바닥)이 실제로 나타났으며 추가 상승이 진행되고 있다.

예시 3

고점을 기준으로 추세가 형성되고 있고, 고점에서 더블 탑 패턴이 반복되고 있다. 세 번째 구간 또한 유사한 차트 패턴(프랙탈)이 진행될 가능성이 높다고 판단하고 매매에 접목할 수 있다.

이후, 세 번째 구간에서 반복되는 더블 탑 패턴이 실제로 나타났다. 이러한 상황에서는 매도(숏) 포지션을 진입해 볼 수 있다.

5.

시장의 움직임에는 정답이 없다

유연하게 대처하는 법

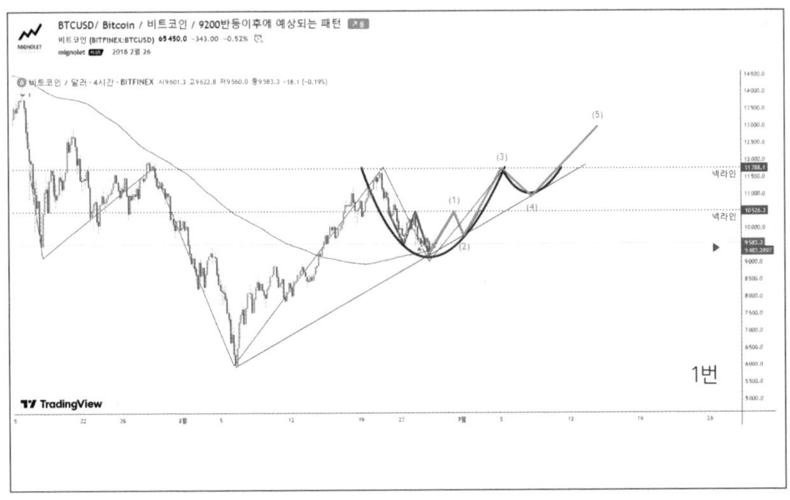

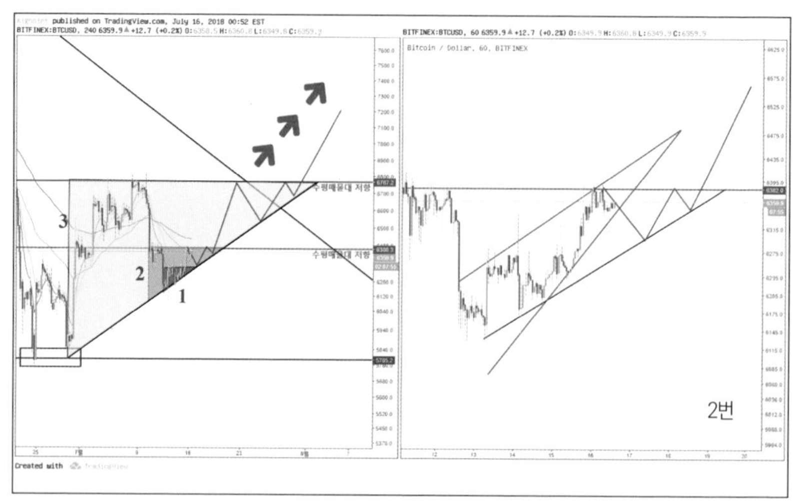

필자가 처음 차트 기법을 배우고 실전 투자에 이를 접목했을 때 잘못된 부분이 있었다.

1) 차트 패턴이 완성되기 전에 미리 정답을 정해두고 패턴을 그리는 행동

부끄럽지만, 차트를 배우고 초창기 트레이딩 뷰에 올렸던 분석을 보자. (1번, 2번 사진)

패턴이 완성되기도 전에 미리 내가 원하는 패턴을 그리고 있었다. 차트 투자자가 흔히 하는 대표적인 실수라고 생각한다. 퍼즐을 맞출 때는 올바른 퍼즐 조각을 끼워 넣었는지가 중요하다. 초창기 시절의 필자는 차트 기술을 통해 시장을 남들보다 빠르게 알 수 있다 생각했고, 점쟁이가 되려고

했다. 덕분에 내가 가진 퍼즐이 올바른 퍼즐 조각인지 알지도 못하는 상태에서 퍼즐 조각을 끼워 넣으려 했으며, 좋은 투자를 할 수 없었다.

이러한 행동은 시장을 편향적으로 보게 되고 결국은 좋은 매매가 이뤄질 수 없게 한다. 적어도 패턴이 확실하게 완성이 되고, 패턴을 통해 기준을 세우고 확률에 베팅해야 한다. 확률을 조금이라도 올리기 위해 다른 여러 가지 신뢰도 높은 데이터를 접목해 매매를 진행하는 것이 올바른 방법이다.

2) 배운 차트 기술을 너무 정직하게 사용하려고 한다

제목만 보면 차트 기술을 사용하기 위해 이를 배운 게 아니냐고 물어볼 수도 있을 것이다. 하지만 차트 기술을 통해 만들어낸 차트 예측이 항상 절대적으로 들어맞을 수는 없다. 시장에 나와 있는 차트 분석 서적을 보면 초보자들이 쉽게 이해할 수 있게, 딱 맞아떨어지는 실전 예시만 넣어서 설명하고 있는 경우가 많다.

그렇게 배우다 보니 실전에서 막상 본인이 활용을 하면, 책에서 배운 것처럼 정형화된 추세와 패턴이 쉽게 나타나지 않는다는 것을 깨닫게 된다. 그러면 패턴을 활용하기 위해 계속해서 억지로 패턴에 주관적인 생각을 끼워 맞추려고 하고 예측하는 상황까지 가게 된다.

시장의 상승과 하락이 반복되는 이유는 결국 모든 사람의 생각이 다르기 때문이다. 같은 생각을 하면 시장은 영원한 상승과 하락이 진행될 뿐이다. 누군가는 여기서 사겠지만, 누군가는 여기서 팔게 된다. 그게 시장이고 다양한 이해관계가 있기 때문에 차트는 정석적으로 흘러가다가도, 갑자기 망가지고 복잡하게 흘러가게 된다.

그러다 보니 현실에서 정형화된 패턴대로 흘러가는 경우는 드물다고 할 수 있다.

이러한 부분에 대해 유연하게 대처할 수 있는 2가지 방법에 대해서 알아보자

1) 시장은 책에 나와 있는 예시처럼 정석적으로 움직이지 않는다는 것을 인정해야 한다

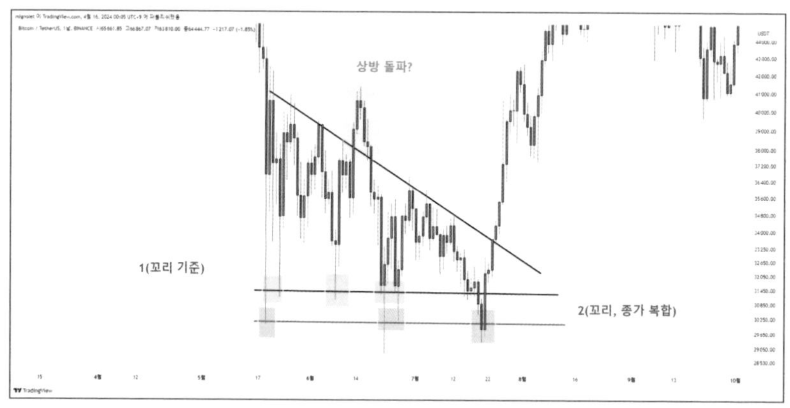

사진은 결과적으로 하락 삼각형 패턴이 완성되었다. 초록색 구간에서 잠시 상방 돌파되었다가 내려왔지만, 이후 기존에 그어 놓은 추세의 저항

을 계속해서 받고 있다. 정석적으로 보면 패턴이 망가졌다고 볼 수 있다. 하지만 초록색 구간을 속임수라고 판단하고 유연하게 대처하고 여전히 하락 삼각형이 진행 중이라고 판단할 필요가 있다.

하단 구간의 수평 추세선을 보자. 1번 꼬리 기준으로 수평 추세가 만들어지고 있는데, 꼬리 기준으로 본다면 마지막 구간은 하방 이탈되었다.

하지만 2번 꼬리, 종가 복합 수평 추세로 본다면 아직 이탈하지 않았다. 앞으로 이러한 상황이 실전에서 발생한다면, 빨간색 구간을 매매 기준으로 설정하고 가격 움직임을 지켜보는 방법이 도움이 될 수 있다. 시장은 책의 예시처럼 나타나는 정석적인 구간이 많지 않기 때문에, 유연하게 대처할 필요가 있다.

2) 추세가 아닌 기울기를 활용하면 유연하게 시장의 흐름을 볼 수 있다

2장 '투자의 기준이 되는 다양한 차트 패턴'을 시작할 때 언급했지만, 시장에는 책에서 소개하고 있는 차트 패턴만 있는 게 아니다. 본인만의 패턴을 만들어 활용할 수 있으며, 매우 다양한 패턴이 있기 때문에 정해진 패턴을 끼워 맞춰서 적용할 필요가 없다.

왜 이 패턴이 하락 반전형인지, 또는 왜 이 패턴이 상승 반전형인지, 원리를 먼저 이해해야 한다. 차트 패턴은 결국 매수/매도의 힘이 증가/하락함에 따라 형성된다.

하락 삼각형과 상승 삼각형 패턴은 전형적인 매수/매도의 힘이 증가/하락함에 따라 결정되는 패턴이다.

먼저 하락 삼각형은 수렴 구간에서 횡보하고 있지만 가격 고점은 점점 내려오고 있다. 이 말은 횡보 구간에서 가격을 상승시키는 매수의 힘이 빠지고 있다는 말이 된다. 그렇기 때문에 하락 삼각형은 확률적으로 하락 반전형 패턴이 된다.

상승 삼각형은 반대다. 횡보 구간에서 상승 추세 저점이 점점 올라오고 있다. 이 말은 매수의 힘이 점점 살아나고 있다는 말이 된다. 그렇기 때문에 상승 삼각형은 확률적으로 상승 반전형 패턴이 된다.

차트 패턴의 원리는 결국 매수/매도의 힘이 증가/하락함에 따라 차트 패턴이 형성된다는 것이다. 그 원리만 이해하면, 패턴을 유연하게 활용할 수 있고 패턴을 끼워 맞출 필요가 없어진다.

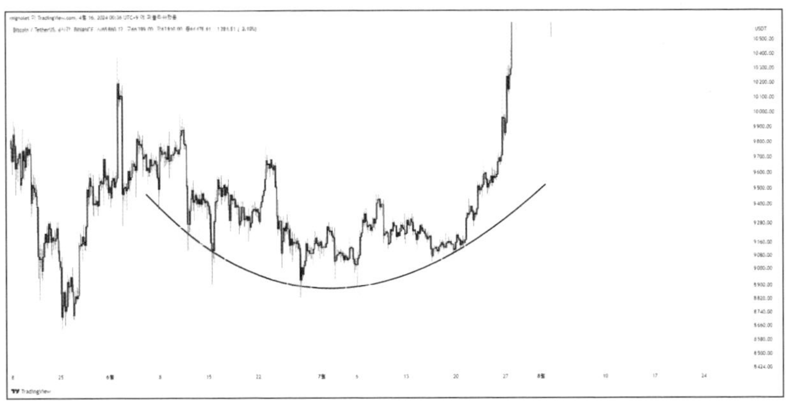

원리를 알았다면, 이제 기울기 패턴을 활용해 보자.

사진을 보면 고점 기준으로 기울기 추세의 저항(빨간색)을 받고 있는데, 매수의 힘이 점점 빠지고 있다고 볼 수 있다. 이 구간은 추세선을 그으면 만나는 접점이 많지 않기 때문에, 기준을 잡기가 쉽지 않다. 하지만 이렇게 기울기를 가지고 추세를 살펴보면 유연하게 시장의 흐름을 체크할 수 있다. 반대 상황의 지지 기울기 패턴 또한 같은 방식으로 활용할 수 있다.

3장

고래는 특정 기간에 맞춰서 움직인다 - 이동 평균선

시장에는 다양한 이해관계가 존재한다. 만약 모든 사람이 비트코인 가격을 한 방향으로 생각하면 영원한 상승과 하락이 가능하다. 하지만 누군가는 상승을 원하고 누군가는 하락을 원한다. 기간적으로도 어떤 사람은 1주 만에 수익 실현을 원하지만, 어떤 사람은 1달, 또 어떤 사람은 1년 후 수익 실현을 원한다. 모두 수익을 원하는 기간이 다르다. 우리는 특정 기간의 선(이동 평균선)을 찾고, 그 선이 가격과 밀접한 상관관계가 있다면 이를 매매 전략에 활용할 수 있다. 어떻게 활용할 수 있는지 알아보자.

1. 반복되는 특정 기간을 이해하자
2. 우연이 반복되면 필연이다
3. 멀어지면 다시 돌아오려는 특성이 있다
4. 상방, 하방 돌파하는 구간을 기다려라
5. 수렴하면 큰 변동성이 나타난다

1.

반복되는 특정 기간을 이해하자

이동 평균선의 이해

1) 이동 평균선의 구분

단기 이동 평균선 10, 20일

중기 이동 평균선 50일, 60일

장기 이동 평균선 120일, 200일

통상적으로 단기, 중기, 장기를 구분하는 이동 평균선 기간이지 정답은 없다. 시장의 추세에 맞춰 다양한 이동 평균선 기간을 설정하여 매매에 접목해 볼 수 있다.

MA(단순 이동 평균)

MA(단순 이동 평균)는 과거나 현재에 대한 가중치를 동일하게 적용한다. 그러나 일반적으로 과거의 가격보다는, 최근 가격이 현재 시장에 중요하다. 따라서 MA는 이를 반영하지 못하는 문제점이 있다.

EMA(지수 이동 평균)

EMA(지수 이동 평균)는 MA의 단점을 보완해 줄 수 있다. 최근 가격에 더 많은 가중치를 부여하기 때문에 EMA가 시장 변화에 민감하게 반응하며, 신속하게 대응할 수 있다.

2) 이동 평균선의 배열

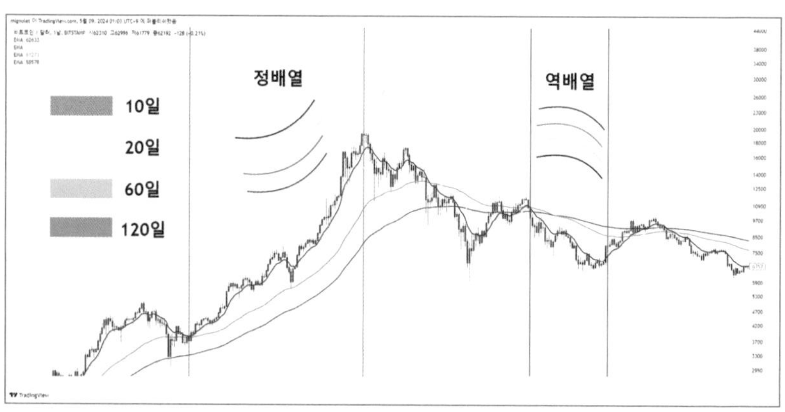

이동 평균선의 정배열은 단기 이동 평균선이 중기, 장기 이동 평균선보다 위에 있는 상태이며 가격이 상승 추세일 때 나타난다.

이동 평균선의 역배열은 장기 이동 평균선이 단기, 중기 이동 평균선보다 위에 있는 상태이며 가격이 하락 추세일 때 나타난다.

3) 골든 크로스와 데드 크로스

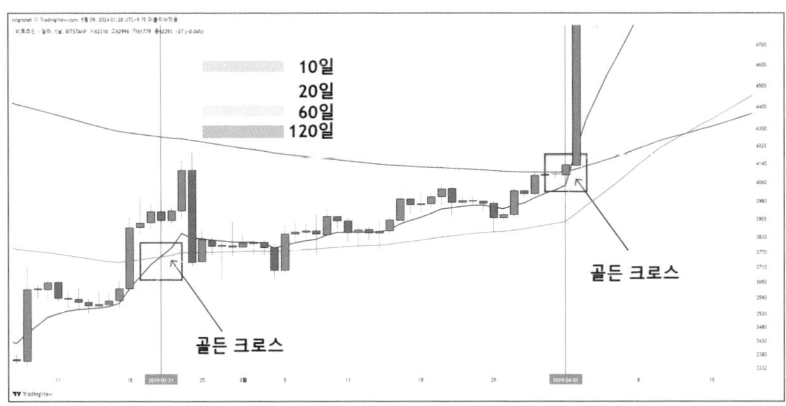

골든 크로스는 단기 이동 평균선이 중기, 장기 이동 평균선을 상향 돌파하는 것을 의미하며,

데드 크로스는 단기 이동 평균선이 중기, 장기 이동 평균선을 하향 돌파하는 것을 의미한다.

2.

우연이 반복되면 필연이다

이동 평균선의 지지/저항

1) 이동 평균선의 지지 활용

현재 나타나고 있는 이동 평균선은 주봉 차트 기준 20일 이동 평균선(노란색 선)이다.

가격 상승 추세 속에 나타나는 조정 구간이, 20일 이동 평균선 지지를 자주 받고 있다. 특정 기간의 선이 반복해서 지지받는다면, 신뢰도가 높아질 수 있다. 그렇기 때문에 해당 평균선을 기준으로 매매 전략을 진행해 볼 수 있다.

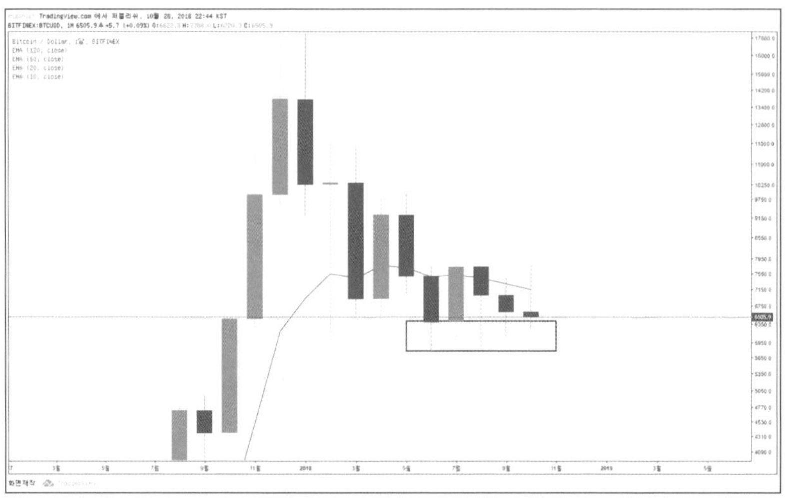

현재 나타나고 있는 이동 평균선은 월봉 차트 기준 20일 이동 평균선(노란색 선)이다.

5개월 동안 20일 이동 평균선의 지지를 받고 있기 때문에 이동 평균선의 신뢰도가 높아질 수 있다. 그렇기 때문에 해당 평균선을 기준으로 매매 전략을 진행해 볼 수 있다.

2) 이동 평균선의 저항 활용

현재 나타나고 있는 이동 평균선은 4시간 봉 차트 기준이다.

20일 이동 평균선 – 노란색

60일 이동 평균선 – 초록색

120일 이동 평균선 – 분홍색

이동 평균선의 저항을 활용하여 매도 기준을 설정할 수 있다. 특히 가격 하락이 진행될 때 20일 이동 평균선(노란색)의 저항을 자주 받고 있다. 그렇기 때문에 해당 평균선을 기준으로 매도 전략을 진행한다면 확률 높은 매매 선택이 될 수 있다.

3.

멀어지면
다시 돌아오려는 특성이 있다

회귀 속성

가격 차트는 회귀 속성이 있어 이동 평균선에서 멀어지면 다시 돌아오려는 특성이 있다. 이러한 특성을 활용하여 매매에 접목할 수 있다.

예시 1

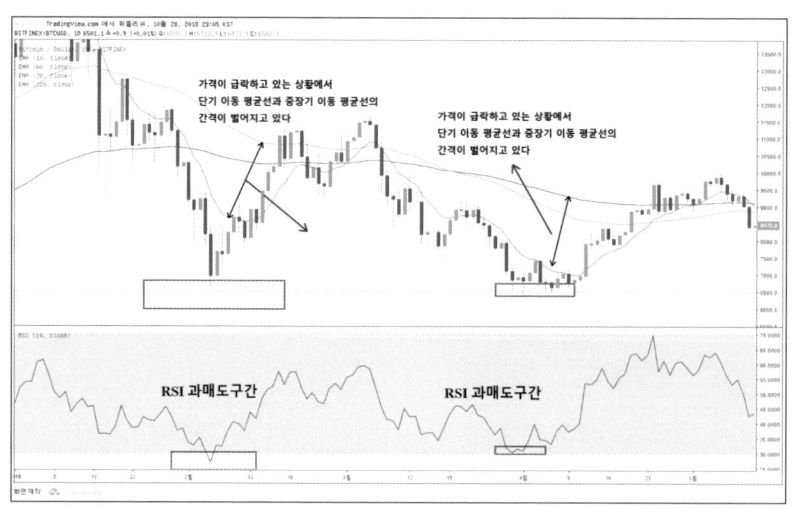

10일 이동 평균선 – 남색

20일 이동 평균선 – 노란색

60일 이동 평균선 – 초록색

120일 이동 평균선 – 분홍색

가격이 급락하고 있는 상황에서, 단기 이동 평균선과 중장기 이동 평균선의 간격이 벌어지고 있다. 회귀 속성을 이용하여 벌어진 구간에서 매매를 진행해 볼 수 있겠으며, 매매의 신뢰도를 높이기 위해 RSI(상대 강도 지수)까지 추가로 활용할 수 있다.

가격이 급락하다 보니 가격이 RSI(상대 강도 지수) 과매도 구간까지 내려간 것을 확인할 수 있다. 2가지 매매 기준으로 매수 전략을 진행해 볼 수 있는 구간이다.

RSI는 '4장 시장 분석의 확률을 높이는 다양한 지표'에서 자세히 다루도록 하겠다.

RSI(상대 강도 지수) 데이터가

70 이상 – 과매수

30 이하 – 과매도

예시 2

가격이 급등하고 있는 상황에서, 단기 이동 평균선과 중장기 이동 평균선의 간격이 벌어지고 있다. 회귀 속성을 이용하여 벌어진 구간에서 매매를 진행해 볼 수 있겠으며, 매매의 신뢰도를 높이기 위해 RSI(상대 강도 지수)까지 추가로 활용할 수 있다.

가격이 급등하다 보니 가격이 RSI(상대 강도 지수) 과매수 구간까지 올라간 것을 확인할 수 있다. 2가지 매매 기준으로 매도 전략을 진행해 볼 수 있는 구간이다.

4.

상방, 하방 돌파하는 구간을 기다려라

골든/데드 크로스

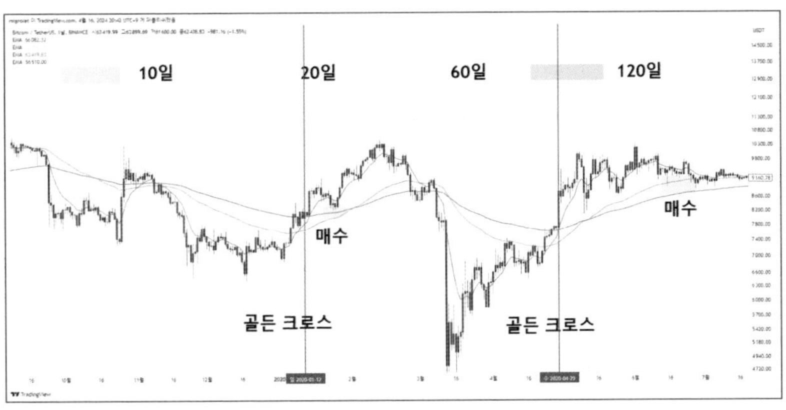

단기 이동 평균선이 중, 장기 이동 평균선을 상방 돌파하면 골든 크로스가 나타난다. 이후 주황색 구간에서 특정 이동 평균선의 지지를 계속해서 받고 있다.

이동 평균선의 골든 크로스와 지지 구간을 활용하여 매매 전략에 접목할 수 있다.

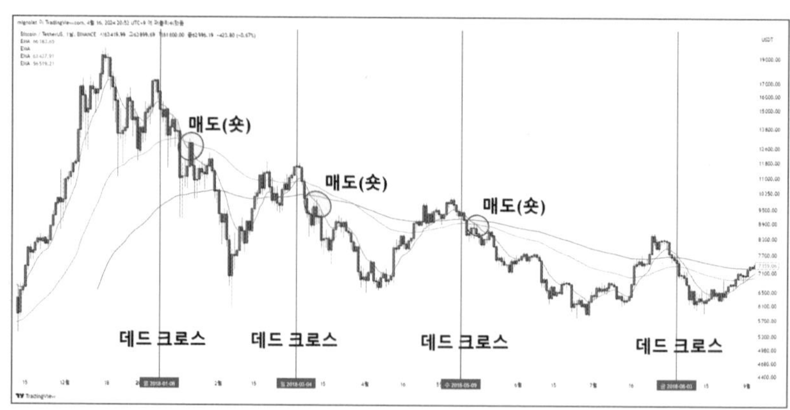

단기 이동 평균선이 중, 장기 이동 평균선을 하방 돌파하면 데드 크로스가 나타난다. 이후 노란색 구간에서 특정 이동 평균선의 저항을 계속해서 받고 있다.

이동 평균선의 데드 크로스와 저항 구간을 활용하여 매매 전략에 접목할 수 있다. 본인이 의도치 않게 손실을 보고 있다면, 이동 평균선 저항 구간을 탈출 구간으로 활용할 수 있다. 선물 매매를 한다면 저항 패턴을 활용하여 매도(숏) 포지션을 진행할 수 있다.

5.

수렴하면 큰 변동성이 나타난다

이동 평균선 수렴

가격 차트가 오랫동안 횡보하게 되면 이동 평균선 또한 수렴하게 된다. 이러한 구간은 상승, 하락 변동성이 매우 크게 나타날 수 있다. 방향을 확인한 후 골든/데드 크로스 패턴과 접목하여 매매 전략에 활용할 수 있다.

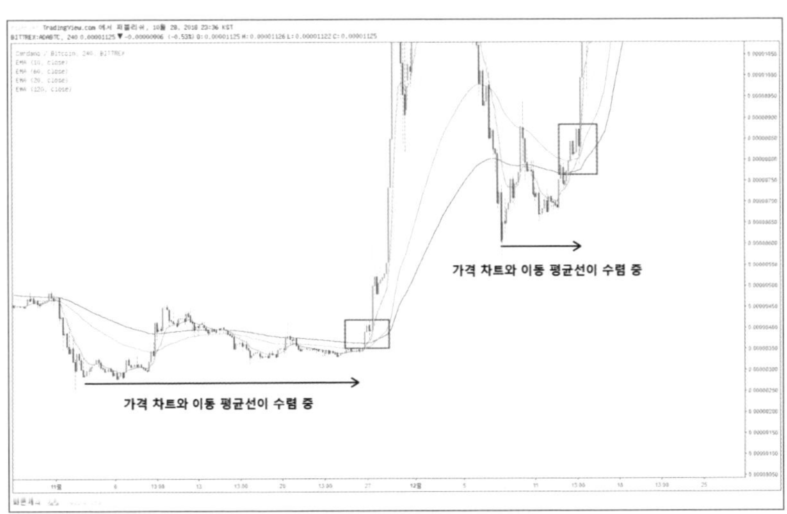

10일 이동 평균선 – 남색

20일 이동 평균선 – 노란색

60일 이동 평균선 – 초록색

120일 이동 평균선 – 분홍색

가격 차트는 4시간 봉 기준이며 1달가량 가격이 횡보하다 보니, 이동 평균선까지 수렴하고 있다. 이후 골든 크로스와 함께 폭발적인 상방 돌파가 나타났다.

단기 이동 평균선의 지지를 받고 있기 때문에(파란색 박스), 지지 구간을 활용하여 매매 전략을 진행할 수 있다.

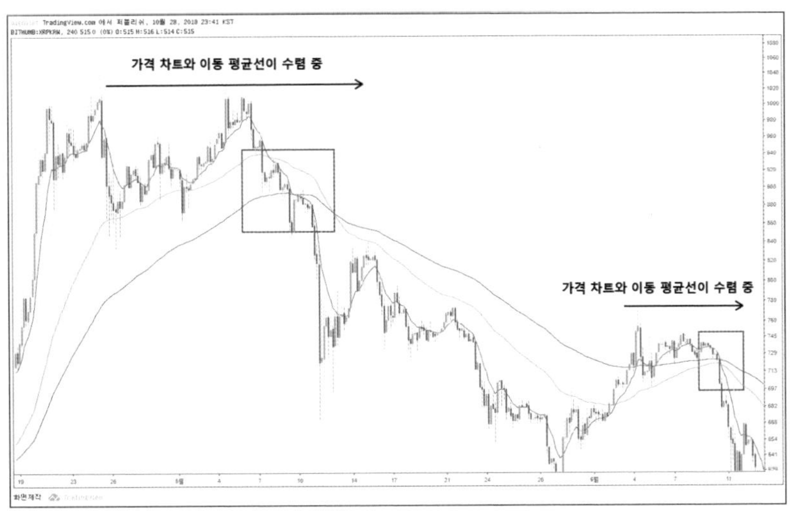

마찬가지로 4시간 봉 기준이며 가격이 횡보하다 보니, 이동 평균선까지 수렴하고 있다. 이후 데드 크로스와 함께 강한 하방 돌파가 진행되었다.

단기 이동 평균선의 저항을 받고 있기 때문에(파란색 박스), 저항 구간을 활용하여 매매 전략을 진행할 수 있다.

4장

시장 분석의 확률을 높이는 다양한 지표

- 보조 지표

보조 지표는 앞에서 배운 가장 기초이면서 중요한 추세, 패턴과 같은 매매 기법에 신뢰를 높이기 위한 보조적인 수단이 되어야 한다. 보조 지표는 대부분 가격 차트의 움직임을 기반으로 다양하게 응용된다. 하지만 보조 지표상에 매수/매도 기준이 나타나더라도 맹신하여서는 안 된다. 앞에서 배운 추세, 패턴과 달리 보조 지표는 더 명확하고 분명한 근거를 알려준다. 그렇기 때문에 초보자들이 처음에 정답지처럼 활용하고 좋아하는 데이터가 될 수 있어 주의가 필요하다. 보조 지표의 종류와 실전 매매 방법을 확인하고, 마지막에는 그 한계에 대해 알아보자

1. 자주 사용하는 보조 지표
2. 가격과 지표가 반대로 움직인다면 의심하라
3. 하나의 지표로 모든 것을 알 수 없다

1.

자주 사용하는 보조 지표

1) RSI(상대 강도 지수)

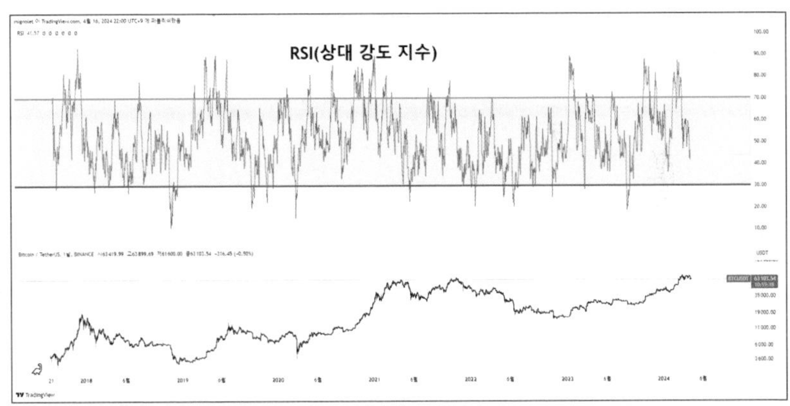

RSI(상대 강도 지수)는 일정 기간 가격 변화 움직임의 평균값을 구하여 상승 변동성이 크면 과매수, 하락 변동성이 크면 과매도로 판단한다.

RSI(상대 강도 지수) 70 이상 – 과매수(초록색 선)

RSI(상대 강도 지수) 30 이하 – 과매도(빨간색 선)

2) MACD(이동 평균 수렴 확산 지수)

'Moving Average Convergence Divergence'의 약자로, 단기 이동 평균선과 장기 이동 평균선의 수렴과 발산의 원리를 기반으로 만들어진 지표

MACD의 산출 방법은 투자자가 자유롭게 설정할 수 있지만, 보편적으로 사용하는 설정값은

장기(슬로우 렝스) 26, 단기(패스트 렝스) 12, 시그널 9이다.

활용 방법에 대해 알아보자.

1. MACD와 시그널의 교차 구간을 매매 신호로 활용한다.

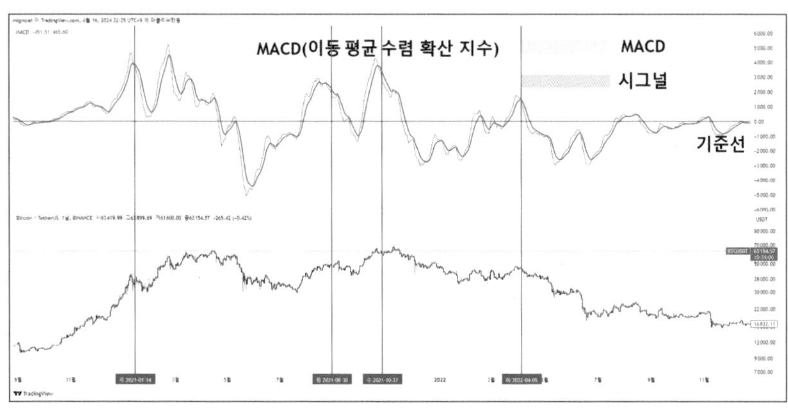

빨간색 세로선을 기준, 교차(데드 크로스) 되는 구간에서 매도 전략을 진행할 수 있다.

2. MACD와 기준선(0) 교차 구간을 매매 신호로 활용한다.

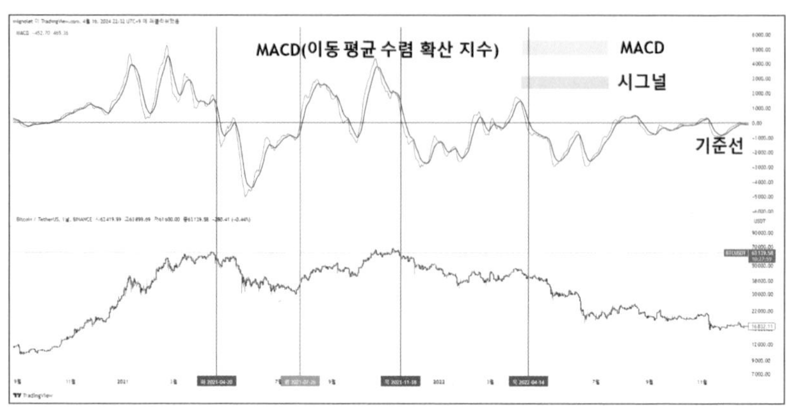

파란색 선은 MACD가 기준선(0) 아래로 내려가고 있으며, 이를 매도 신호로 활용할 수 있다.

초록색 선은 MACD가 기준선(0) 위로 올라가고 있으며, 이를 매수 신호로 활용할 수 있다.

3) 스토캐스틱(Stochastic) Fast/Slow

N일간의 가장 높은 가격과 가장 낮은 가격의 범위 내에서 현시점 가격을 백분율로 나타낸 지표

스토캐스틱 Fast와 Slow가 있으며, Fast는 변동성이 커 데이터 자체가 너무 복잡하고 민감하다. 이러한 단점을 보완한 지표가 Slow이며, 사용

방식은 동일하기 때문에 변동성이 적은 Slow 데이터로 활용 방법을 알아 보자.

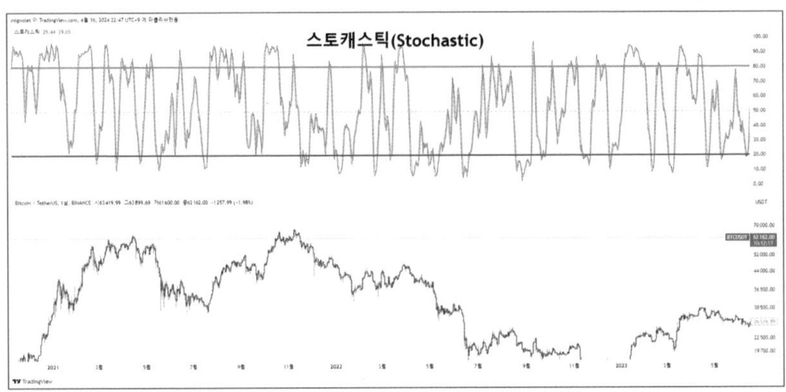

RSI(상대 강도 지수)와 마찬가지로 과매수/과매도 구간을 활용할 수 있다.

스토캐스틱(Stochastic) 80 이상 – 과매수(초록색 선)
스토캐스틱(Stochastic) 20 이하 – 과매도(빨간색 선)

| 주의 |

스토캐스틱 Slow를 사용해도 위/아래 변동성이 빈번할 수 있다.

즉, 스토캐스틱 Slow는 단기 투자 목적의 기준을 설정하는 데에는 도움이 될 수 있지만, 중/장기 투자자가 기준을 잡는 데에는 어려움이 있다.

4) 볼린저 밴드(Bollinger Bands)

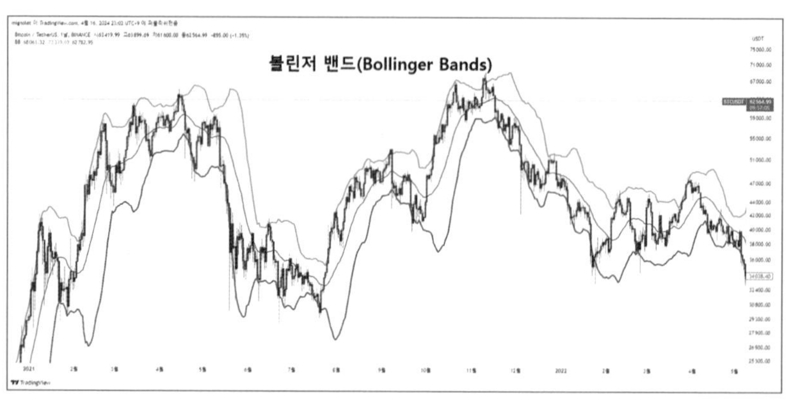

볼린저 밴드는 3장에서 배운 이동 평균선을 활용하여, 일정 표준 편차 범위를 설정한 밴드 지표이다.

기준이 되는 이동 평균선(중간 – 파란색 선)과 가격이 상대적으로 높고 낮음에 판단 기준이 되는 밴드(상단 – 초록색 선, 하단 – 빨간색 선)로 구성되어 있다.

볼린저 밴드의 산출 방법은 투자자가 자유롭게 설정할 수 있지만, 보편적으로 사용하는 설정값은

기간(N) 20일, 승수(K) 2(승수는 표준 편차 변수값)이다.

활용 방법에 대해 알아보자.

1) 3장에서 배운 회귀 속성을 응용할 수 있다. 볼린저 밴드 상단, 하단의 표준편차 안에서 상단을 과매수, 하단을 과매도로 판단하고, 밴드 안으로 돌아온다는 회귀 속성을 활용하여 매매에 접목할 수 있다.

2) 기준이 되는 중간선(파란색)의 지지/저항을 활용할 수 있다. 하단 구간의 지지를 받는다면 공격적으로 매수 진입을 해볼 수 있다. 하지만 조금 더 안전한 방법은 중간선 돌파 이후, 지지 여부를 확인하고 진입한다면 안전한 매매 전략이 된다. 반대 상황은 저항을 이용할 수 있다.

2.

가격과 지표가 반대로 움직인다면 의심하라

다이버전스와 지표 패턴

1) 다이버전스

일반 다이버전스(Regular Divergence)

하락 다이버전스

가격 고점 상승

지표 고점 하락

상승 다이버전스

가격 저점 하락

지표 저점 상승

히든 다이버전스(Hidden Divergence)

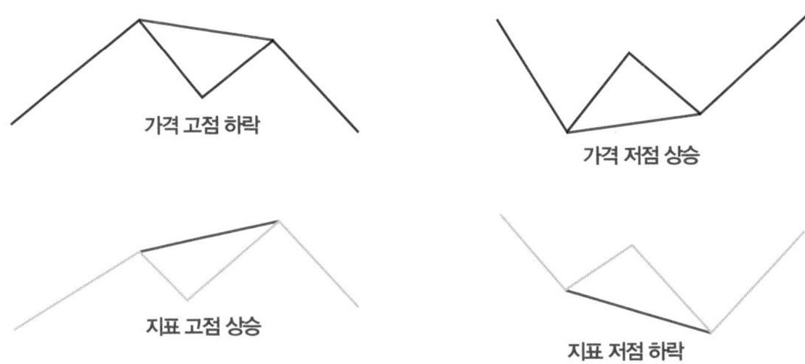

'자주 사용하는 보조 지표'에서 배운 RSI, MACD, 스토캐스틱과 같은 지표에서 활용될 수 있다. 사용하는 지표에서 나타나는 매매 전략 기준에 다이버전스 흔적까지 나타나면 전략의 신뢰도가 높아질 수 있다.

필자는 보조 지표를 활용할 때 다이버전스가 나타나지 않으면 신뢰를 하지 않을 정도로 보조 지표를 활용할 때 꼭 확인하고 있다. 사진을 참고하여 다이버전스를 이해하고 실전에서 활용해 보자.

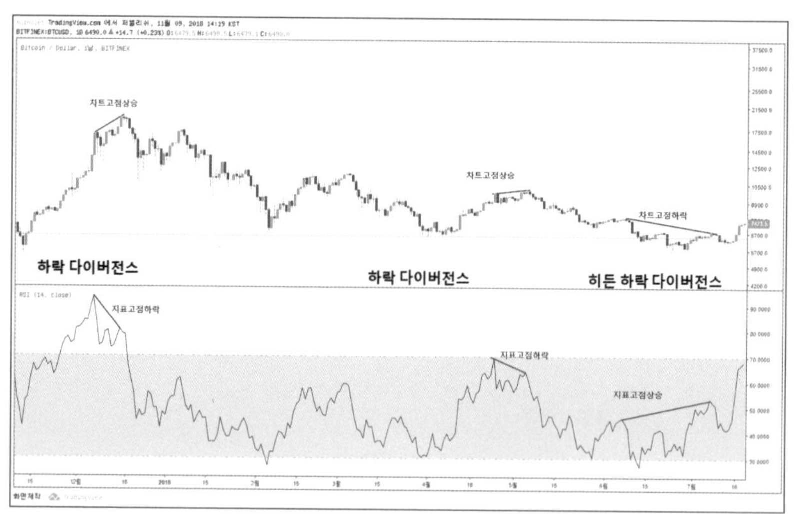

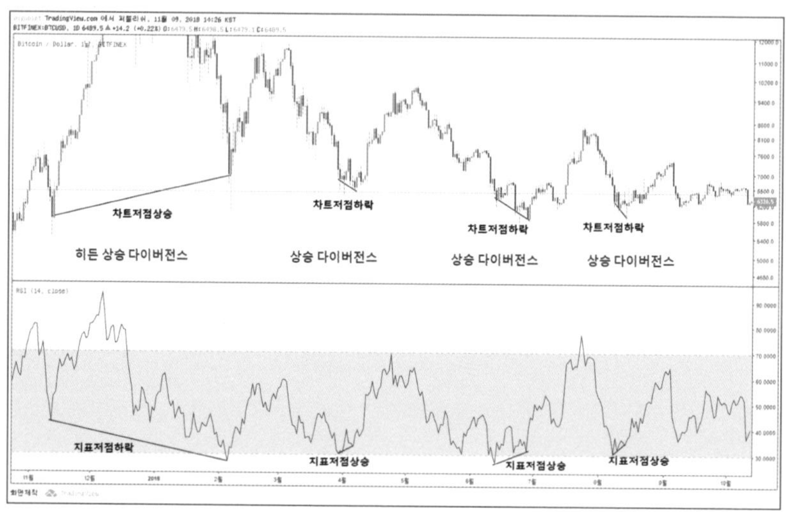

시장의 과열과 침체를 알려주는 RSI(상대 강도 지수)에서 나타나고 있는 다이버전스 흔적이다.

1) 과매수, 과매도 구간에서 발생하는 다이버전스가 신뢰도가 높을 수 있다. 사진에서는 과매수, 과매도 구간 안에서 다이버전스가 나타난 구간이 있고 그렇지 않은 구간이 있다.

2) 일일 캔들 이상의 장기 차트에서 신뢰도가 높고, 다이버전스 추세 또한 오래 지속된다. 단기 차트에서도 자주 나타나지만 쉽게 추세가 바뀌기 때문에, 단기 매매 전략에서는 활용에 어려움이 있다.

2) 지표 패턴

2장 '투자의 기준이 되는 다양한 차트 패턴'에서 배운 다양한 패턴을 보조 지표 안에서도 활용할 수 있다.

RSI(상대 강도 지수) 과매도 구간과 함께 보조 지표 안에서 역 헤드엔 숄더 패턴이 나타나고 있다. 이외에 우리가 배운 다양한 차트 기법을 적용할 수 있는 기준이 있다면 신뢰도는 더욱 높아진다.

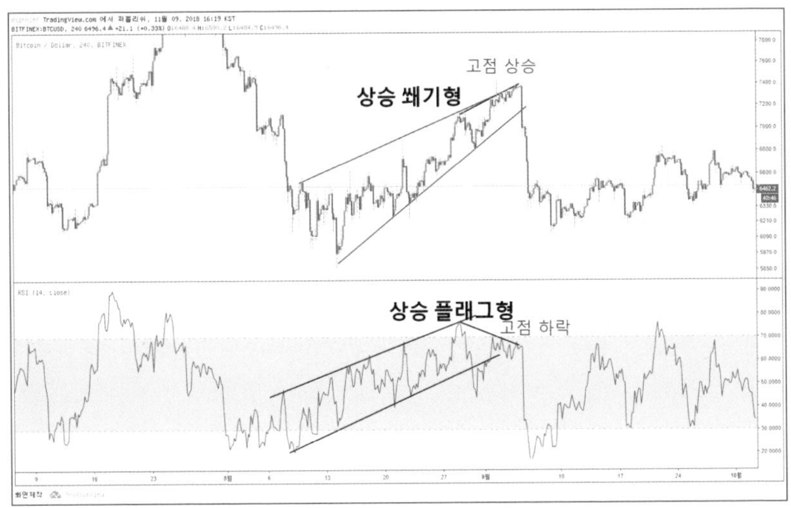

1) 가격 차트에서는 상승 쐐기형이 나타나고 있다.

2) RSI(상대 강도 지수) 지표의 과매수 구간에서 상승 플래그형이 나타나고 있다.

3) 가격 차트의 고점은 높아지는데, 지표의 고점은 낮아지는 하락 다이버전스가 나타나고 있다.

앞에서 배운 다양한 차트 기법을 종합적으로 활용해 볼 수 있는 실전 예시이며, 하락 가능성이 높은 구간이라고 판단하고 실전 매매에 활용할 수 있다.

3.

하나의 지표로 모든 것을 알 수 없다

지표의 한계

RSI(상대 강도 지수) 하나의 지표를 가지고 매매 기준을 설정할 때, 발생하는 한계에 대해서 살펴보자.

4장에서 배운 다른 보조 지표도 동일하다. 단순히 RSI(상대 강도 지수)의 과매수, 과매도만 보고 판단하면 사진과 같은 한계가 발생한다.

1) 가격 차트가 장기적으로 상승하는 구간에서 RSI(상대 강도 지수)가 과매수 구간에서 박스권을 유지하며 움직이고 있다. 시장이 과열 상태라고 판단하고, 과매도 구간에 오면 사야겠다고 생각할 수 있다. 하지만 그렇게 되면 1년 동안 아무것도 못하고 지켜만 봐야 하는 최악의 상황이 발생하게 된다.(하락 구간도 동일하다)

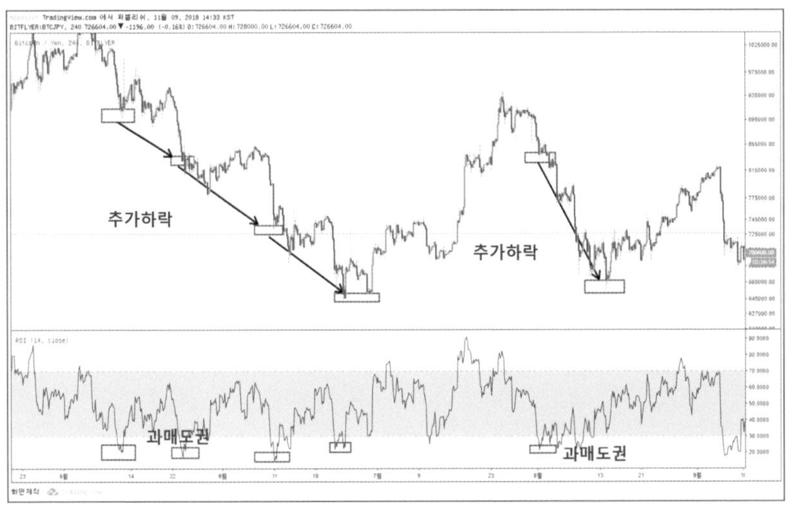

2) 아무리 가격 차트가 과매도 구간에 도달하더라도 추세가 우선이다. 한번 방향이 나타난 추세는 쉽게 바뀌지 않기에, 추세의 지속성을 중요하

게 생각해야 한다. 단순히 과매도 구간만 보고 매매 전략을 진행한다면, 사진과 같이 계속해서 가격이 하락하는 상황을 보게 될 것이다.

결국 4번이나 과매도 구간을 터치하고 나서, 의미 있는 가격 반등이 나타났지만, 그래도 다시 가격이 하락하고 있다.

그렇기 때문에 보조 지표보다는 반드시 시장의 추세 흐름을 먼저 읽어야 한다. 이후에 보조 지표를 활용하는 방법이 매매 신뢰도를 높이는 좋은 방법이라고 볼 수 있다.

5장

투자의 기준이 되는 다양한 캔들 패턴

이제 1장에서 가볍게 배운 캔들 패턴을 실전 차트를 통해 구체적으로 살펴보자. 캔들 패턴도 앞에서 배운 다양한 기법들과 종합적으로 활용해야 한다. 특히 캔들은 가격 차트에서 나타나는 추세, 매물대 지지/저항과 함께 활용하면 매우 좋은 전략이 된다. 마지막으로 캔들 패턴 자체에 신뢰도를 높이기 위해서는 나타난 캔들 패턴보다 낮은 시간 봉에서의 캔들 모양 및 흐름을 확인할 필요가 있다. 이유와 예시도 실전 차트를 통해 알아보자.

1. 차트가 상승으로 전환되는 캔들
2. 차트가 하락으로 전환되는 캔들
3. 캔들 패턴의 확률을 올리는 방법

1.

차트가 상승으로 전환되는 캔들

상승 반전형 캔들

1) 장악형 캔들(상승 상황)

가격 차트가 상승/하락할 때 직전 캔들을 덮어 버리는 장악형 캔들이 나타나면 주세 전환의 신호가 될 수 있다.

2) 망치형 캔들

하락 추세 혹은 상승 추세 중에 나타나는 단기 조정 구간에서, 긴 꼬리가 달린 망치형 캔들이 출현하면 상승 반전의 신호가 될 수 있다.

꼬리가 길면 길수록 특정 구간을 지키려는 심리가 강하게 반영되고 있다고 볼 수 있어 신뢰도는 높아진다. 망치형 몸통 부근이 정석적으로 지지 구간이 될 수 있다. 하지만 해당 구간의 추세, 매물대를 종합해서 판단하여 지지 구간을 설정하는 게 매매 전략에 신뢰도를 높일 수 있다.

3) 상승삼법형 캔들

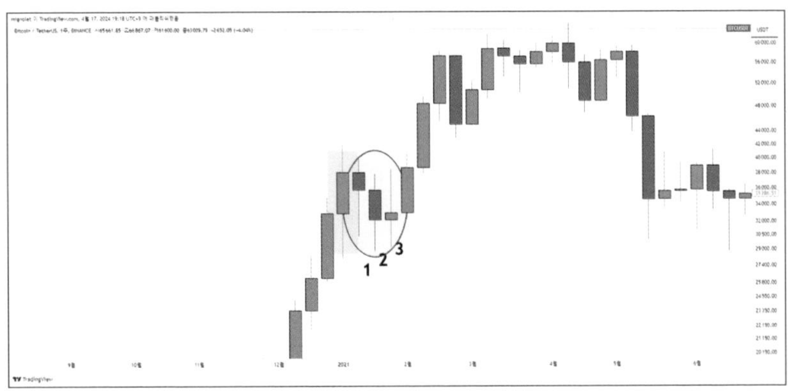

상승삼법형 캔들은 상승 추세가 지속되는 상황에서 나타나는 조정 캔들이, 상승 캔들 몸통 안에서 형성되는 캔들이다. 명칭은 삼법형이지만, 3개의 캔들로 반드시 이뤄져야 하는 것은 아니다.

실전 예시 차트에서는 상승삼법형 캔들이 망치형, 도지형 캔들로 진행되고 있어 신뢰도가 높아진다.

4) 도지형, 샛별형 캔들

하락 추세 혹은 상승 추세 중에 나타나는 단기 조정 구간에서, 이전 캔들의 종가를 이탈하지 않는 캔들을 도지형(노란색 박스), 음봉 종가보다 낮은 위치에서 아래 꼬리를 만들고 있는 캔들을 샛별형(주황색 박스)이라고 한다.

5) 적삼병 캔들

하락 추세 이후 고점을 높이는 3개의 양봉 패턴이 출현하는 캔들이다. 적삼병 캔들이 출현하면 추세가 지속될 가능성이 높아진다.

2.

차트가 하락으로 전환되는 캔들

하락 반전형 캔들

1) 장악형 캔들(하락 상황)

가격 차트가 상승/하락할 때 직전 캔들을 덮어 버리는 장악형 캔들이 나타나면 추세 전환의 신호가 될 수 있다.

2) 도지형, 저녁별형 캔들

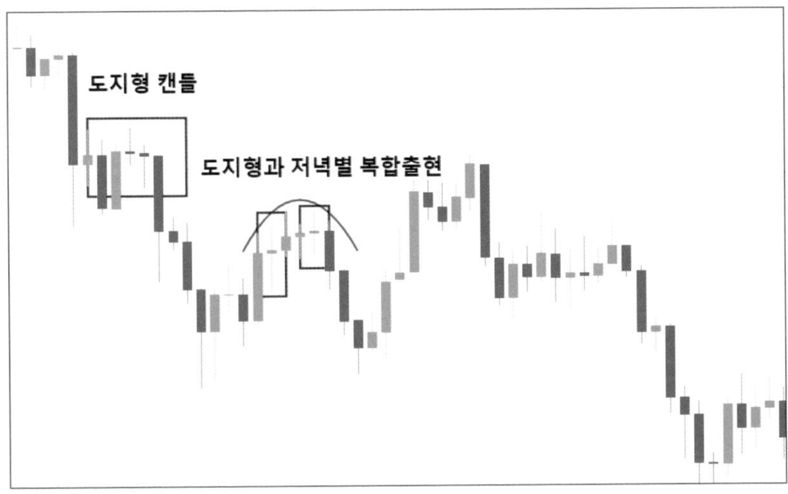

실전 예시 차트는 하락 추세 중에 단기 가격 반등이 나타나고 있다. 이전 캔들의 종가를 이탈하지 않는 캔들을 도지형, 이전 종가보다 높은 위치에서 위 꼬리를 만들고 있는 캔들을 저녁별형 캔들이라고 한다.

도지형, 저녁별형 캔들이 연속으로 나타나게 된다면, 하락 반전에 대한 신뢰도는 높아진다.

3) 흑삼병 캔들

상승 추세 이후 저점을 낮추는 3개의 음봉 패턴이 출현하는 캔들이다. 흑삼병 캔들이 출현하면 하락 추세가 지속될 가능성이 높아진다.

앞에서 배운 하락 반전형 캔들이 흑삼병 캔들이 출현하기 전에 나타나고 있다. 그렇기 때문에 하락 반전의 신뢰도는 높아진다.

4) 하락삼법형 캔들

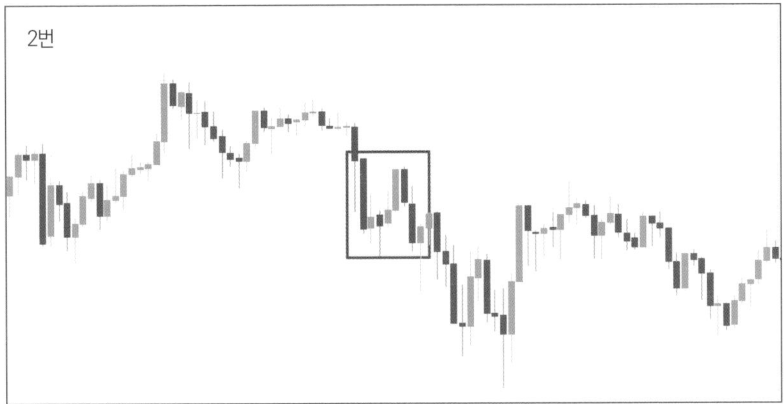

하락삼법형 캔들은 하락 추세가 지속되는 상황에서 나타나는 반등 캔들이, 하락 캔들 몸통 안에서 형성되는 캔들이다. 명칭은 삼법형이지만 3개의 캔들로 반드시 이뤄져야 하는 것은 아니다

1번, 2번 사진의 실전 차트 모두 3개의 캔들로 이뤄지지 않았으며, 특히 1번 사진의 실전 차트는 10개 이상의 캔들이 이전 하락 캔들 몸통(노란색 박스) 안에서 나타나고 있다. 핵심은 단기 상승 캔들이 하락 캔들 몸통 안에 있으면 된다.

3.

캔들 패턴의 확률을 올리는 방법

낮은 시간 봉 비교

캔들 패턴 자체에 신뢰도를 높이기 위해서는, 나타난 캔들 패턴보다 낮은 시간 봉의 모양 및 흐름을 확인해야 한다. 이유는 낮은 시간 봉에서 캔들에 대한 신뢰를 확인할 수 있는 추가적인 캔들이나 차트 패턴이 나타날 수 있기 때문이다.

낮은 시간 봉에서 나타난 차트 패턴이 그보다 높은 시간 봉에서 하나의 반전 캔들로 나타날 수 있거나 반대 상황이 발생할 수도 있다. 이러한 예시도 실전 차트를 통해 살펴보자

1) 기준 캔들보다 낮은 시간 봉에서 같은 패턴이 나타나는 경우

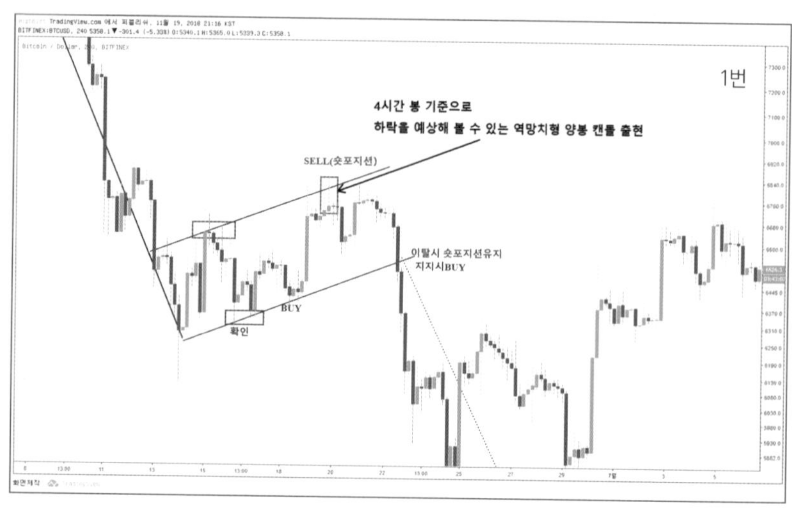

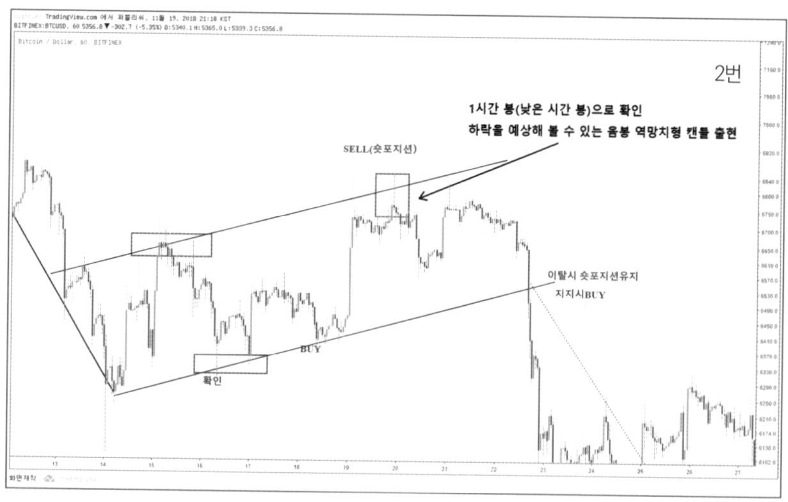

하락 추세 중에 추가 하락 가능성을 생각해 볼 수 있는 상승 플래그형 패턴이 나타났다. 추가로 패턴의 상단 저항 구간에서 하락 가능성을 생각해 볼 수 있는 역망치형 캔들까지 나타났다.

2번 사진의 실전 차트(기존 캔들보다 낮은 시간 봉)에서도 같은 캔들 패턴이 나타나고 있기 때문에, 하락 반전의 신뢰도는 높아진다.

2) 기준 캔들보다 낮은 시간 봉에서 추가적인 캔들이나 차트 패턴이 나타나는 경우

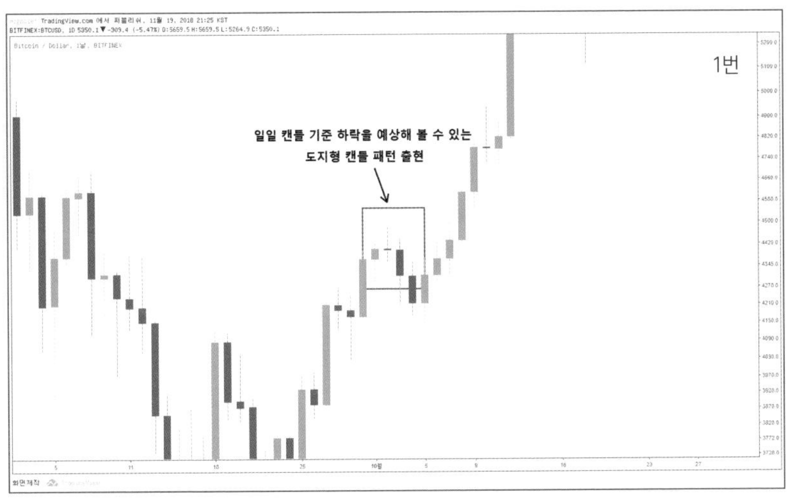

일일 캔들에서 하락을 예상해 볼 수 있는 도지형 캔들이 나타났다.

2번 사진의 실전 차트(기존 캔들보다 낮은 시간 봉)에서도 하락을 예상해 볼 수 있는 새로운 캔들 패턴인 역망치형 캔들과 하락 반전형 패턴(더블 탑)이 나타나고 있다. 그렇기 때문에 하락 반전의 신뢰도는 높아진다.

3) 기준 캔들보다 낮은 시간 봉에서 캔들 패턴이 다른 경우

1번 사진의 실전 차트에서는 상승 반전을 예상해 볼 수 있는 도지형, 샛

별형 캔들이 나타나고 있다. 하지만 2번 사진의 실전 차트(기존 캔들보다 낮은 시간 봉)에서는 추가 하락을 예상해 볼 수 있는 장악형 음봉 캔들이 나타나고 있다. 캔들 패턴의 방향이 다르기 때문에 신뢰도는 낮아진다.

6장

고래의 직접 개입 후 나타나는 흔적

- 거래량

온체인 데이터에서 고래의 움직임을 추적하여 차트 투자 기법의 속임수에 대응할 수 있는 것처럼, 매수와 매도의 양을 모두 확인할 수 있는 거래량도 쉽게 속일 수 없는 흔적이다. 우리가 앞에서 배운 차트 추세와 패턴에 거래량을 접목한다면 매매 기준의 신뢰도가 높아질 수 있다.

1. 거래량이 분출될 때까지 기다려라
2. 하락 → 횡보 → 증가의 반복
3. 더 떨어질까? 더 올라갈까?
4. 추세가 끝나는 시기의 거래량

1.

거래량이 분출될 때까지 기다려라

횡보 구간

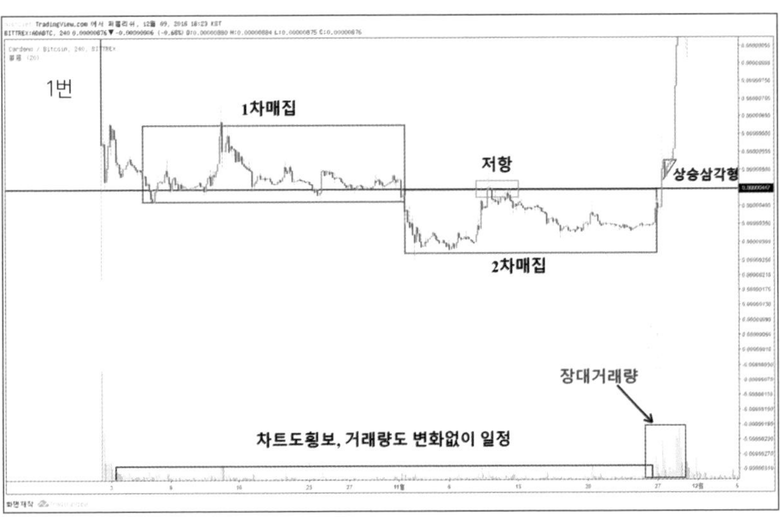

상장 이후 차트와 거래량이 큰 변동성 없이 박스권을 유지하며 움직이고 있다. 시간이 지난 뒤 장대 거래량이 나타나고 있으며, 이후 가격은 폭발적으로 상승하고 있다. 본격적으로 가격을 상승시키기 위한 흔적이라고 판단할 수 있다.

이러한 패턴은 관심을 가지고 있다가 장대 거래량이 출현 후 다양한 매매 전략을 활용하여 매수 진입을 해볼 수 있다. 1번, 2번 사진의 실전 예시에서는 상승 삼각형 패턴을 활용하여 매매 전략을 진행할 수 있다.

2.

하락 → 횡보 → 증가의 반복

U자 패턴

시장에 정석적으로 소개되고 있는 거래량 기법은 아니지만, 필자가 개인적으로 활용하는 기법이다. 가격 차트와 마찬가지로 거래량도 상승과 하락이 반복된다. 구체적으로 가격 상승이 끝나면 거래량은 감소하고 코인에 대한 관심이 줄어들면 거래량은 횡보하게 된다. 그리고 어떠한 계기로 인해 거래량이 다시 증가하게 될 수도 있다. 상승과 하락의 사이클은 항상 존재하기에, 이 사이클에 투자 심리를 접목할 수 있다. 이러한 패턴을 U자 패턴으로 정의하고 실전 차트를 살펴보자.

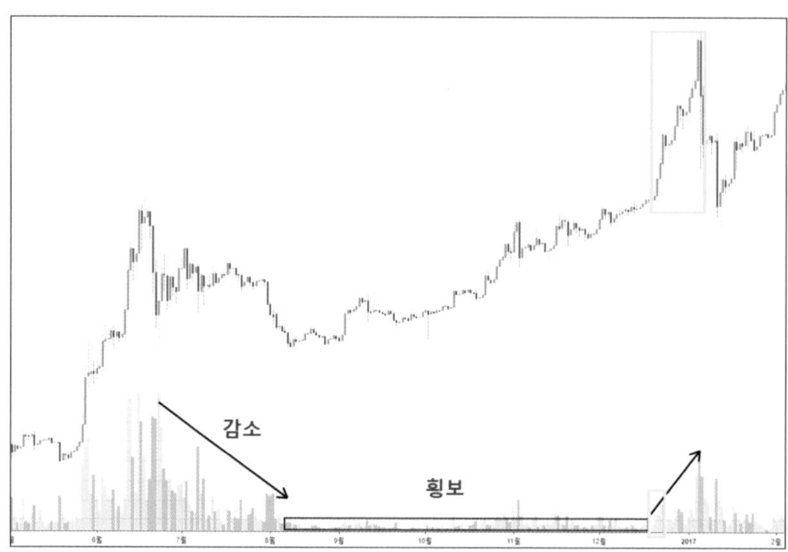
감소
횡보

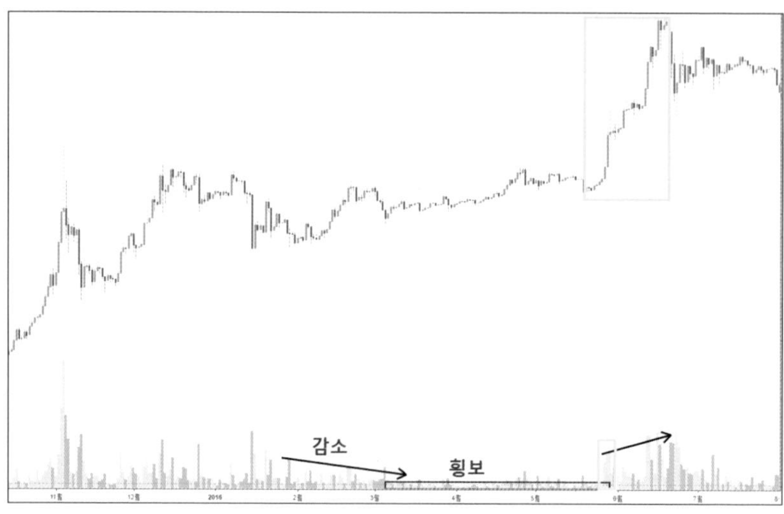
감소
횡보

거래량이 감소하고 횡보하고 있다면, U자 패턴을 활용하여 그다음은 거래량이 분출되는 시기라고 판단할 수 있다.

거래량이 분출(노란색 박스)되었기 때문에 매매 전략을 진행할 수 있다. 이후 가격은 가속화 구간에 진입했고 폭발적인 상승을 보여주게 되었다. 이런 상황은 고래가 본격적으로 개입했다고 볼 수 있는 강력한 증거다. 이 때문에 추세가 지속될 가능성이 높다.

3.

더 떨어질까?
더 올라갈까?

추가 상승/하락 구간

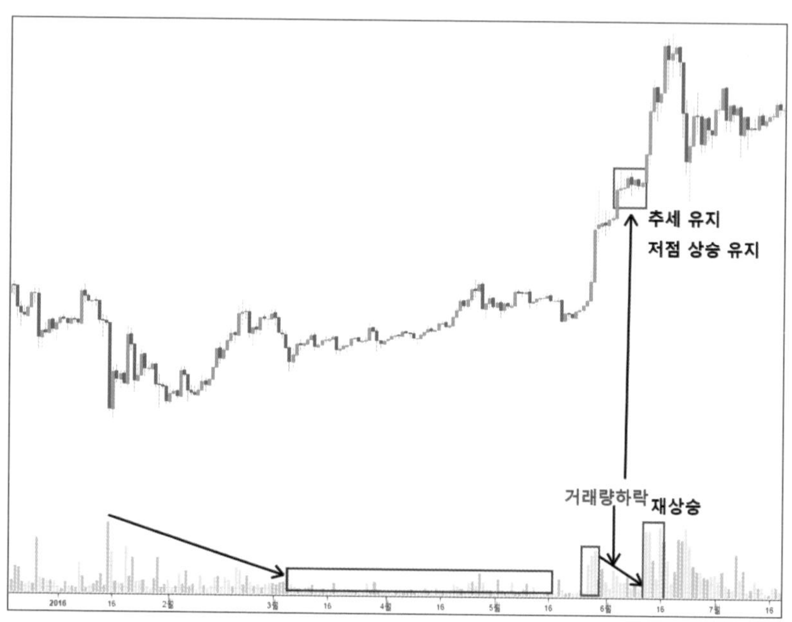

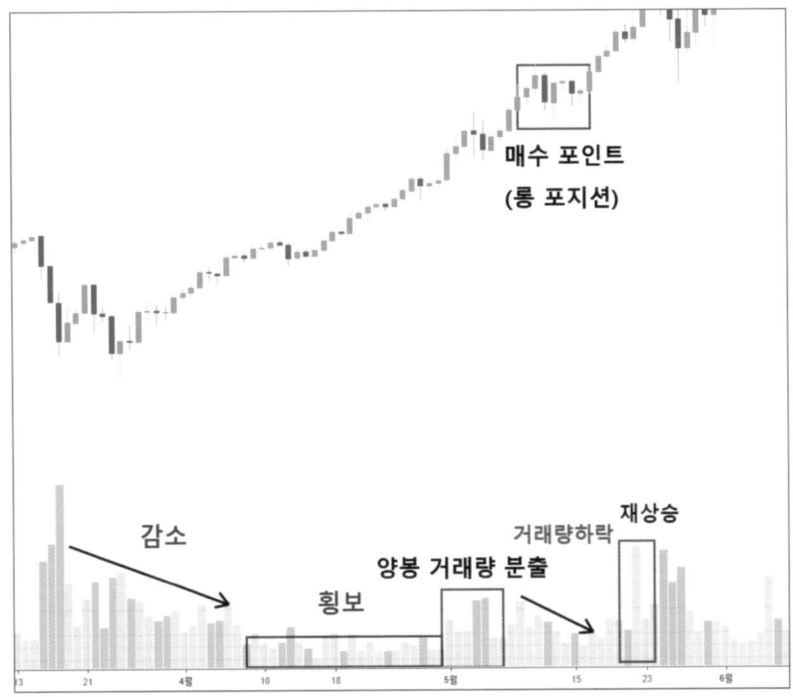

거래량 분출이 되었다는 말은 고래가 강하게 개입했다는 근거가 될 수 있고, 그렇게 된 이상 추세의 힘은 더 강하게 지속될 수밖에 없다.

우리는 추세의 지속성을 활용할 수 있다. 양봉 거래량 분출 이후 가격 차트가 상승 추세를 유지하는 상황에서 가격 저점을 깨지 않고 거래량이 하락하는 상황이 왔다고 해보자. 이럴 경우, 오히려 상승의 힘이 줄어들지 않고 재상승하게 된다.

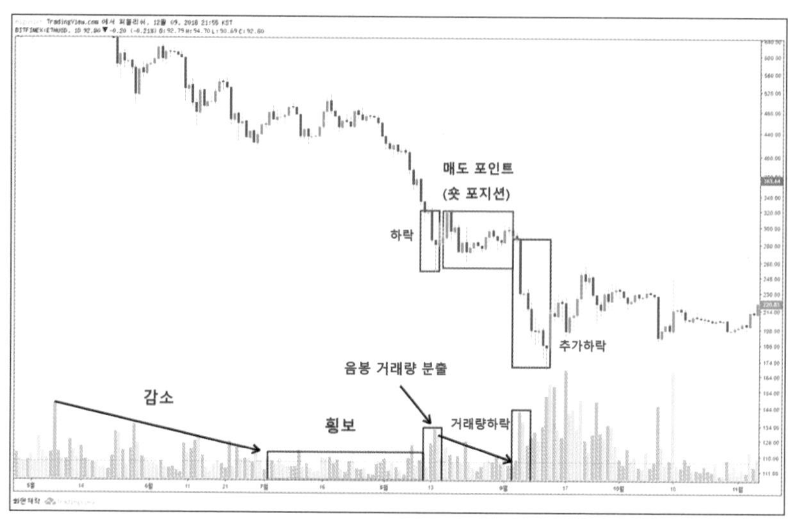

하락 상황에서도 동일하게 적용할 수 있다. 거래량이 분출되었다는 말은 고래가 강하게 개입했다는 근거가 될 수 있고, 그 추세의 힘은 강할 수밖에 없고 지속된다.

음봉 거래량 분출 이후 가격 차트가 하락 추세를 유지하는 상황에서 가격 고점을 깨지 않고 음봉 거래량이 분출하면, 오히려 추후에 하락의 힘이 줄어들지 않고 재하락하게 된다.

4.

추세가 끝나는 시기의 거래량

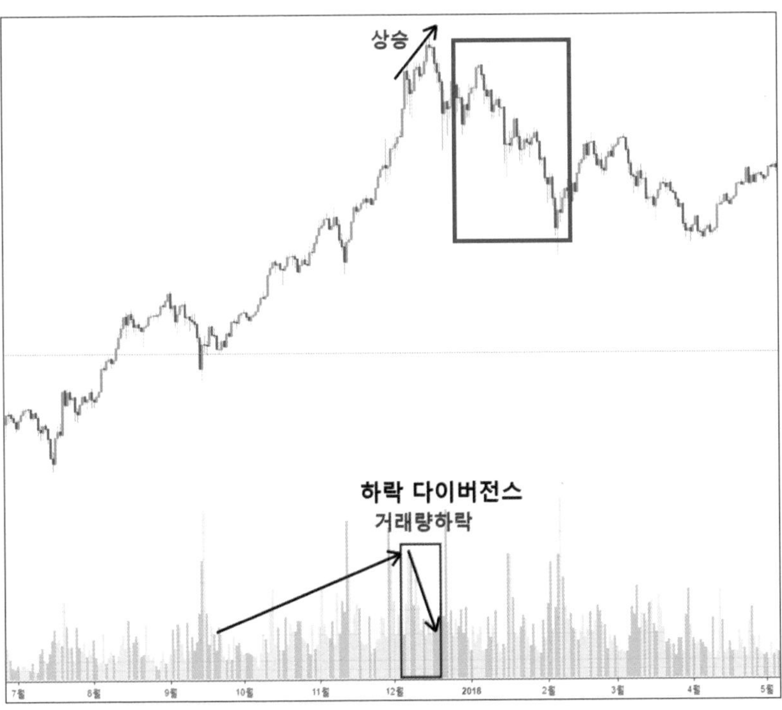

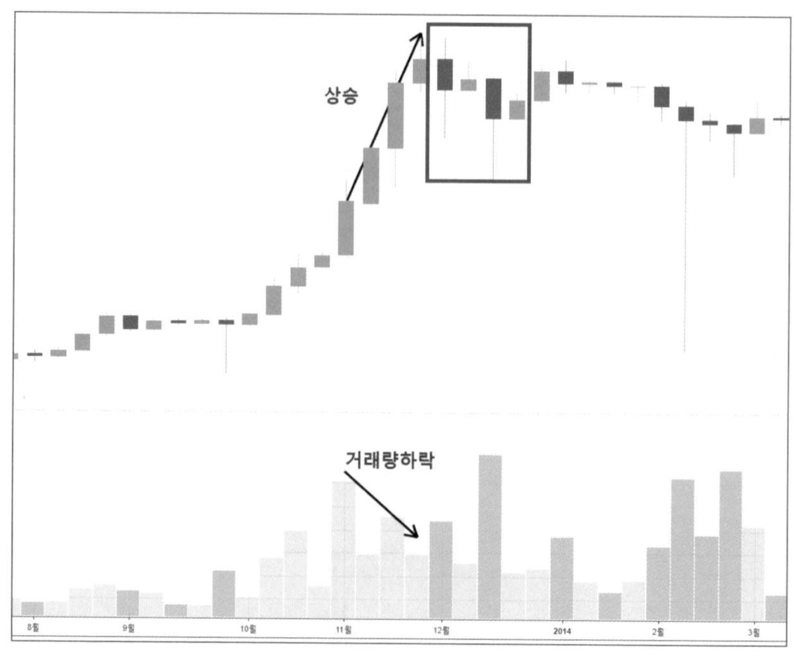

가격 차트는 상승하는데 어느 시점부터 거래량은 하락하고 있다. 이 말은 서서히 매수의 힘이 줄어들고 있다는 증거가 될 수 있다. 개입한 고래는 이 시점부터 매수가 아닌 매도를 이미 하고 있거나 준비하고 있을 가능성이 높다. 보통 이러한 구간에서 시장의 관심과 과열은 올라가기 때문에, 추가 상승은 고래가 아닌 개미들이 개입하는 안타까운 상황이 발생한다.

우리는 4장 '시장 분석의 확률을 높이는 다양한 지표'에서 배웠던 '다이버전스'를 활용할 수 있다. 가격은 상승하는데, 거래량은 하락하고 있는 대표적인 하락 다이버전스 움직임이다.

이미 낮은 가격에서 성공적으로 매수했다면, 하락 다이버전스가 나타나는 구간에서 수익 실현을 할 수 있다.

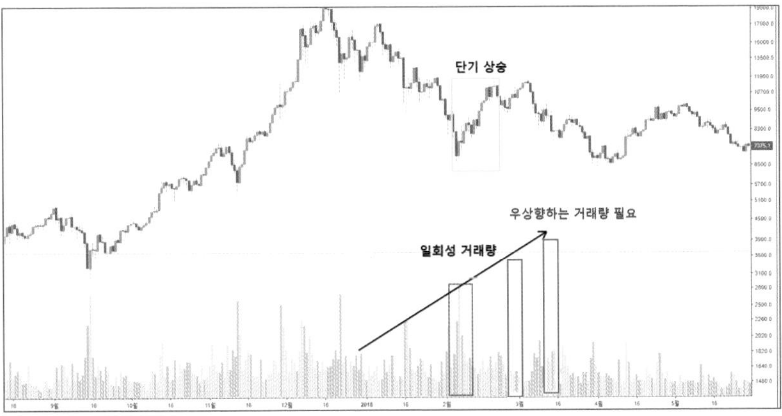

본격적인 하락 국면에서도 가격 상승은 나타난다. 누군가에게는 특정 구간이 굉장히 좋은 매매 구간이 되기 때문이다. 하지만 거래량이 일회성이라면 단기 상승으로 끝날 가능성이 높다. 단기 상승이 아닌 추세 상승이 나타나기 위해서는 우상향하는 거래량이 나타나야 한다.

이외에 엘리어트 파동, 하모닉 패턴에 대한 투자 기법도 이미 만들어 뒀지만, 고민 끝에 이 책에는 싣지 않기로 하였다. 이유는 엘리어트 파동 투자 기법은 한 권의 책으로 만들 수 있을 정도로 제대로 배워야 하는 투자 기법이다. 물론 간단하게 소개할 수 있겠지만, 이 책의 목적은 실전 투자에 도움이 되어야 하는데, 애매하게 목차에 넣어 실전에서 도움이 되지 않을 바에 넣지 않는 게 좋다고 생각했다.

빠르게 변화하는 비트코인 투자 트렌드

프롤로그에 "이 책을 다 읽고 난 후 이전에는 없었던 명확한 비트코인 투자 방법과 기준이 생길 거라고 필자는 확신한다."라고 썼다. 과연 독자 여러분들이 책을 다 읽고 나서 새로운 투자 방법과 기준이 생겼는지 궁금하다.

이 책의 목적은 비트코인 투자자들이 책에서 배운 매매 기법들을 실전에서 확실하게 활용할 수 있어야 한다는 기준에 중점을 두었고, 세세한 부분까지 고민하고 만들었다.

지금까지 배운 온체인 데이터를 활용한 투자 방법과 차트 투자 방법이 분명 앞으로 투자하는 데 큰 도움이 될 거라고 확신한다. 물론 온체인 데이터를 배웠다고 해서 시장의 방향을 모두 맞출 수 없다. 하지만 다양한 데이터들을 종합적으로 활용하고, 이를 통해 조금이라도 매매 성공 확률을 높일 수 있다면, 그리고 또 자신만의 명확한 기준이 생기게 된다면, 분명 심리적으로도 안정감이 생길 수 있을 것이다.

책에서 사용한 실전 투자 예시는 필자가 실제로 활용하고 있는 방법이다. 하지만 다른 기법들과 마찬가지로 온체인 데이터도 계속해서 새로운 트렌드가 생기고 있다. 그러니 시장의 고래들도 새로운 방식으로 속임수를 만들 수 있을 것이다.

4장 3항 '앞으로의 온체인 데이터 트렌드는'에서 필자는 기관들의 지갑이 중요하다고 했다. 실제로 미국 비트코인 현물 ETF가 승인되고 나서 이러한 지갑들이 크게 중요해졌다. 지금은 정말 시장이 빠르게 변화하고 있고, 이에 따라 새로운 트렌드가 생기고 있다.

그렇기 때문에 필자 또한 항상 새로운 것들을 찾아보고 공부하고 나만의 데이터로 만들려고 지금도 노력하고 있다. 실시간으로 책의 내용을 업데이트하면 가장 좋겠지만 현실적으로 불가능하다. 이러한 부분을 보완하기 위해 책으로 이해가 어려운 부분은, 책을 교재로 삼아 영상으로 교육 콘텐츠도 오픈할 예정이다.

추가로 빠르게 바뀌는 새로운 트렌드를 계속해서 체크하고, 본인이 배운 온체인 데이터를 실시간으로 피드백 받길 원한다면, 현재 유튜브 채널에서 멤버십 회원 방송도 진행하고 있으니 참고하면 좋을 것 같다. 이미 많은 분이 구독하고 활용하고 있다.

많이 부족하지만 이 책을 제작하는 데 많은 시간과 노력을 쏟았다. 이 책이 독자들의 투자에 큰 도움이 되었으면 한다.

참고 사이트

1) Blockchain : www.blockchain.com
2) 크립토퀀트 : www.cryptoquant.com
3) Glassnode : www.glassnode.com
4) Bitinfocharts : www.bitinfocharts.com
5) Whale Alert : www.whale-alert.io/
6) Arkham : www.arkhamintelligence.com
7) looknode : www.looknode.com
8) capriole : www.capriole.com
9) tradingview : www.tradingview.com
10) materialindicators : www.materialindicators.com
11) tradinglite : www.tradinglite.com
12) Ishares : www.ishares.com
13) farside : www.farside.co.uk